KB234927

믿기자의 고심

일러두기

이 책의 판형은 125*188mm이다.
표지와 내지의 재질은 각각 CCP250g/m^2, 미색모조100g/m^{2}이다.
표지는 먹과 별색(PANTONE 2192C)의 2도, 내지는 1도로, 오프셋 방식으로
인쇄했다.
표지는 유광코팅했으며, 무선 제본으로 제작했다.
서체는 주로 **아르바나**가 쓰였다. 이 밖에 Sandoll 그러타산스 등도 적재적소에
쓰였다.

우리의 자리
믿기자의 고심: 기자는 많은데, 언론은?

2023년 8월 18일 초판 1쇄 발행

지은이: 믿기자
기획총괄: 지다율
편집: 지다율, 김윤우
표지 및 내지 디자인: 기경란
발행처: 출판공동체 편않
등록일: 2022년 7월 27일
홈페이지: editorsdontedit.com
이메일: editors.dont.edit@gmail.com
인쇄: 제일프린팅
ISBN 979-11-979810-5-0 (03070)

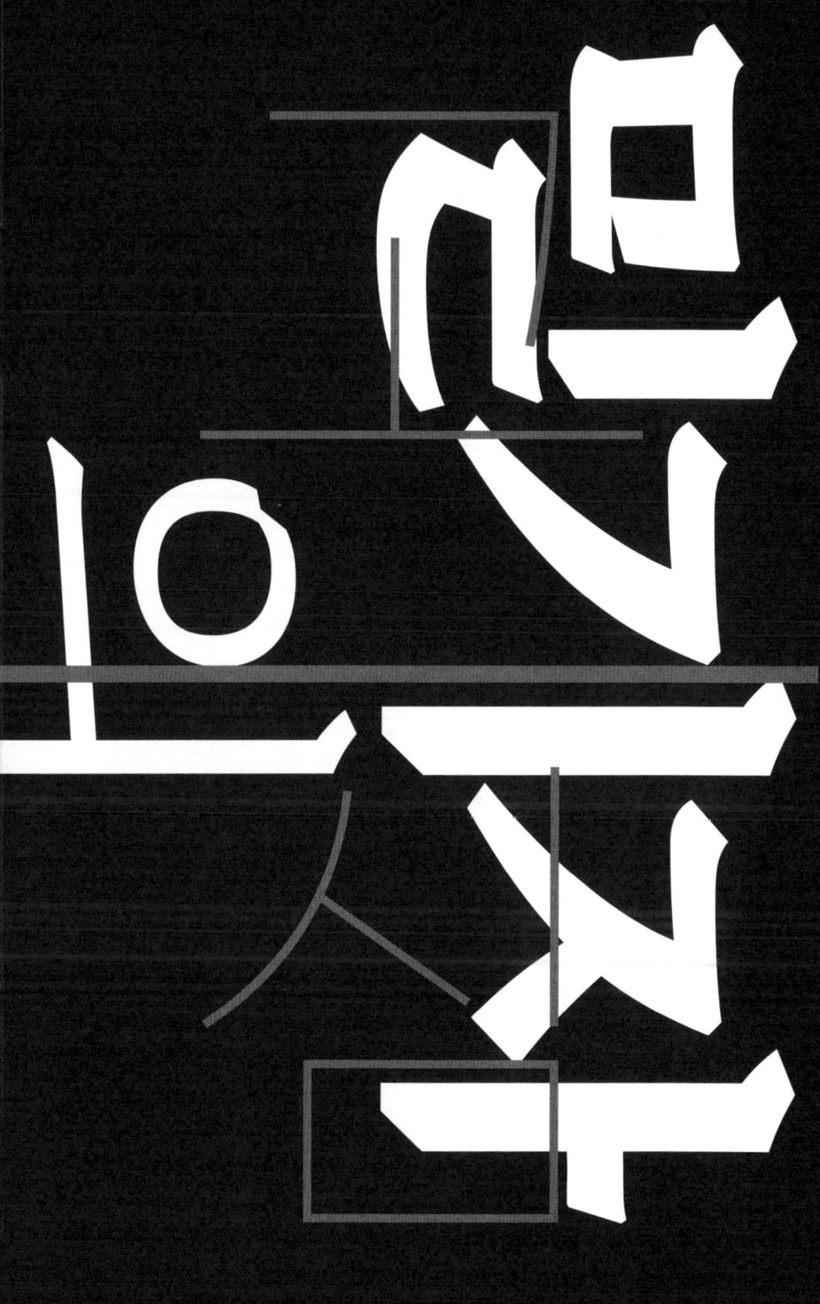

- 외국 인명과 지명 등은 대체로 외래어 표기법을 따랐으나, 그냥 안 따른 것도
  있다.
- 책 제목과 신문·잡지 등의 매체명은 겹낫표(『』)로, 논문과 기사, 시 제목 등
  은 홑낫표(「」)로, 영화·프로그램 제목, 시리즈명, 곡명, 법명 등은 홑화살괄
  호(〈〉)로, 앨범명은 겹화살괄호(《》)로 묶었다.

차례

자리 민감자의 일상

자리에 민감한 사람들이 있다. 무슨 감투를 좋아한다는 얘기가 아니다. 도서관에 빈 의자가 수십 개인데 꼭 앉는 자리가 정해져 있다. 단골 식당에는 전용석이 존재한다. 주차장에선 두세 군데를 골라 놓고 거기에만 차를 댄다. 변화를 싫어하는 보수적인 성격 때문인지, 일종의 경로 의존성 때문인지 모르겠다. 이유는 불확실하지만 분명한 것은 하던 걸 계속하는 게 편하다는 사실이다.

오랫동안 한 자리를 사수하다 보면 거기에서 감정마저도 느껴진다. 그 자리에 특별한 뭔가가 있는 건 아니다. 내 삶의 다른 조건들처럼 지극히 평범하기만 하다. 오랫동안 쓰다 보니 낡았기 짝

이 없다. 햇살이 잘 든다는 장점이 있긴 하지만 여름엔 덥고 겨울엔 춥다. 그늘이 잘 드는 주차장 자리는 가을철 낙엽 때문에 골치가 아프기도 하다. 한 번씩 자리를 바꿔 볼 법도 한데, 그렇게 되지는 않는다. 일상을 지탱해 준 소중한 자리를 쉽게 버릴 수는 없다는 생각이 앞선다.

이제는 몸처럼 익숙해진 내 자리, 가로축은 그토록 욕을 먹는 '기자'라는 직업이다. 세로축은 그중에서도 천대받기 일쑤인 '지역'이다. '지역 기자'라는 두 축이 그리는 사분면에서는 실로 여러 일들이 일어난다. 1차 함수가 2차 함수로 바뀌기도 하고, 때로는 평면이 3차원으로 바뀌면서 뒤집히기도 한다. 요지경이지만 어쨌든 소중하고 귀한 그 좌표평면에서 10년째 살아가고 있다. 그 얘기를 〈우리의 자리〉에서 해 보려고 한다. 누군가는 내 자리가 어떻게 생겼는지 궁금할 수도 있으니까. 누군가는 비슷한 자리에서 같은 고민을 하고 있을 수도 있으니까.

"여기가 아닌가 벼"

가끔 어떤 내비게이션은 주소를 입력했는데도 목적지까지 데

려다 주질 않는다. 어디가 어딘지 모르겠는데 안내를 종료해 버린다. 나머지는 알아서 찾으라는 거다. 운 좋게 한방에 원하던 건물 지하 주차장에 들어갈 때도 있지만 엉뚱한 골목으로 꺾은 적도 여러 차례다. 여기까지 길을 알려 준 걸 고마워해야 하는 걸까. 확실한 정답을 알려 주지 않은 걸 야속하게 생각해야 하는 걸까.

'지역 기자'라는 직업이 약간 어긋난 목적지라는 생각을 가끔 했다. 내가 이런 일을 하고 있을 거라는 그림을 구체적으로 그려 본 적이 없었기 때문일 것이다. 직업은 자아 정체성을 실현하는 도구라는 사회 교과서의 말을 철석같이 믿었던 치기 어린 생각. 사람으로 태어났으면 뭔가 세상에 도움을 줘야 하는 것 아니냐는 막연한 정의감. 별 시답잖은 잡동사니들을 포함해 온갖 분야에 뻗어 있는 관심사. 수학과 과학을 싫어하다 보니 읽고 쓰는 것을 좋아한다고 착각한, 뼛속까지 문과일 수밖에 없는 성향. "별다른 욕심도 없이, 남다른 포부도 없이"(자우림, 〈오렌지 마말레이드〉, 2000) 대충 시간을 흘려보내다 보니 어느덧 다가온 대학 졸업과 취업 준비생의 현실. 그런 교차로와 굽은 길을 지나 달리다 다다른 곳이 바로 여기였다.

어쨌든 도착은 했는데, 그 자리는 사실 도착점이 아니라 출발점이었다. '극한 직업'이라고 불리는 수습기자의 삶이 곧 닥쳐왔다.

기자로서 살아남을 수 있느냐 없느냐, 1인분을 할 수 있느냐 없느냐…… 생존을 위해 이리 뛰고 저리 뛰었다. 취재하고 기사 쓰는 법을 힘겹게 배웠다. '사실'은 무엇이고 '진실'은 무엇인지를 어렴풋이 느꼈다. 기사를 내고 기뻐하기도, 흥분하기도, 슬퍼하기도, 두려워하기도, 좌절하기도 해 봤다. 가끔은 일과 자아를 동일시하기도 했고, 때로는 분리하려고 애쓰기도 했다.

생존에서 생활로

쉽지 않았지만 길을 가기는 계속 갔다. 능력과 열정, 의지의 발로는 아니었던 것 같다. 그보다는 한번 앉은 자리는 쉬이 떠나지 않는 성격이 도움이 됐던 것 같다. 3개월, 6개월, 1년, 3년…… '이 자리가 맞나' 하는 회의는 주기적으로 찾아왔다. 그러다가도 하루하루에 치여 시간의 급류에 떠내려가다 보면, 어느덧 '연말 기획'이나 '신년 기획' 따위를 취재하고 있는 자신을 발견하곤 했다.

아이템을 찾고, 취재를 하고, 기사를 쓰고, 한 잔 걸치고, 다시 아이템을 찾고, 취재를 하다 '꽝' 내고, 기사를 쓰려다 '킬'하고, 두 잔 걸치고…… 시간이 속절없이 흘러갔다. 입사 때 맞춰 태어난 조카가 초등학생이 될 만큼의 시간이었다.

요령은 조금씩 늘었다. 1주일에 100시간에 육박하던 근무 시간은 차츰 줄어 갔다. 마침 주 52시간 근무제가 시행되기도 했다. 어떻게 하면 1인분을 할 수 있을지도 슬슬 감을 잡았다. 수습 시절의 목표였던 생존은 이제 생활이 됐다. 흥분은 좋게 말하면 평정심, 나쁘게 말하면 권태로 변화했다. 점점 내 자리는 때가 묻고 닳아 갔다. 너무 오래 앉은 나머지 반질반질해져서 얼굴도 비출 것 같은, 옛날 학교에 있던 나무 의자처럼.

초라한 의자에 앉아서

기자의 이야기라면 누군가는 특출한 소명 의식을, 누군가는 숨죽여 들을 수밖에 없는 취재기를 기대했을 수도 있다. 그런 기자들이, 그런 사람들이 분명히 있는 것 같다. 그들의 자리는 반짝거린다. 모두 우러르고 열망한다. 의자로 치면 '옥좌'쯤 될 것이다. 걸작 만화 『원피스』의 '3대장'이 앉는 그런 느낌의 의자 말이다. '정의', '탐사', '끈기', '의지' 같은 멋진 명사들이 자리를 화려하게 장식하고 있다. 그런 빛나는 자리를 만드느라 의자 주인은 정말 애를 많이 썼을 것이다.

　내 자리는 그렇지 않다. 그다지 특별할 것 없는 수많은 언론 노동자의 자리일 뿐이다. 그제는 우리 동네에서 교통사고가 났어요. 어제는 치정으로 인한 살인 사건이 일어났죠. 오늘은 비가 오고요. 내일은 행사가 열려요. 모레는 시장님이 바뀔지도 몰라요. 아, 요새 이 문제 가지고 누가 다투는데 제가 자세히 알아봤더니 이렇대요. 그렇고 그런 소식을 날마다 이렇고 저렇게 전하는 게 업이다. 아주 가끔 '단독' 비슷한 걸 쓰면 일주일은 어깨가 들썩거린다. 하지만 더 높은 빈도로 '물'을 먹는다. 슬픈 건 이런 심심하고 일상적인 뉴스를 전하는 것조차 쉽지 않다는 거다. 뭐가 진짜고 가짜인지 판별이 안 될 때가 태반이다. 믿었던 취재원의 말이 허풍이거나 낭설에 불과한 것은 차라리 다행이다. 아예 작정하고 속이는 인간도 여럿이기 때문이다.

　혹여 일의 결과물이 큰 보람과 성취감을 준다면 자리에서 빛이 날 수도 있을 거다. 하지만 그런 일은 자주 일어나지 않는다. 기사 한 줄로 세상이 바뀌는 일은 잘 없다는 것을 뼈저리게 깨달았다. 그보다는 내가 올린 기사를 읽다가 밑도 끝도 없는 '악플'에 황당함을 넘어 상처받은 적이 더 많다. 왜 내용은 안 읽고 특정 지역이나 종교 같은 단어만 보고 반응하는가.

자꾸 지뢰를 밟다 보니 자기 보호를 위한 기술도 생겼다. 일단 기사 하단 댓글 창에 근접하면 섬세하게 손가락을 컨트롤해서 스크롤 속도를 줄인다. 첫 댓글의 문장이 반만 보일 때까지 화면을 이동한다. 이제 실눈으로 슬쩍 확인한다. 대충 앞부분만 보고 이상한 내용인 것 같으면 번개처럼 뒤로 가기를 누른다. 괜찮은 내용인 것 같으면 슬슬 읽어 본다. 꽤 유용한 스킬이다. 그러나 댓글이 하나도 안 달렸을 경우 찾아오는 허무감까지는 극복할 수가 없다.

'지역'이라는 또 다른 정체성은 이 자리를 더 초라하게 만든다. 활동 반경과 취재 영역이 제한될 수밖에 없다. 이른바 '나와바리'라는 개념에 지배받기 때문이다. 시간이 갈수록 스스로 한계를 설정하게 된다. 좁은 바닥에서 몇 년만 구르다 보면 인터뷰이도, 아이템도 거기서 거기인 것만 같다. 대통령실이나 국회 같은 폼 나는 출입처도 없다. 가끔 중앙 부처나 대기업 같은 곳을 취재하게 되면, 어느 지역 기자라고 세부 소속을 밝힐 때마다 조금은 낮잡아 보는 듯한 시선을 느끼기도 한다.

종합하자면, 내 자리는 의자로 치면 눕혀지지도 놀아가지도 않고 머리 받침도 바퀴도 없는 그런 깡통 제품하고 비슷하다. 여러 각도로 따져 봐도 평범하기 그지없다. 앞서 말한 '옥좌'와는 차원이 다르다. 비유하자면 강의실에 널려 있는 딱딱하고 불편한 의자이거나, 테니스공으로 발싸개를 씌운 가정용 식탁 의자에 가까울 것이다.

이건 자기 비하는 아니다. 그보다는 자기 객관화라고 믿고 있다. 아무것도 모른 채 막연히 상상만 했던 '기자'라는 존재의 삶과 실제 하루하루 경험하는 현실 사이에는 상당한 거리가 있다는 점을 깨달은 것이다. 이런 상황을 잘 묘사한 작품이 있다. '9와 숫자들'이라는 밴드의 〈높은 마음〉(2014)이라는 노래다.

엽서 위에 새겨진 / 예쁜 그림 같은 / 그럴듯한 그 하루 속에 /
정말 행복이 있었는지 // 몸부림을 쳐 봐도 / 이게 다일지도 몰라 /
아무도 찾지 않는 연극 / 그 속에서도 조연인 내 얘긴

듣자마자 눈물이 날 뻔했다. 인생은 가까이에선 비극이지만 멀리서 보면 희극이라는 찰리 채플린의 명언처럼, 모르는 사람이 보면 내 자리도 가끔 '그럴듯하게' 여겨질 수 있을 것이다. 기자님이시군요. 오, 기자 만나 본 거 처음이에요. 네이버에 검색하면 나오나요? 이런 식으로 반응하는 사람들이 의외로 꽤 있다. 진짜 신기할 수도 있고 일종의 립서비스일 수도 있겠지. 어쨌든 누군가한테는 깊은 인상을 남겼다며, 스스로를 위로할 수도 있다.

실은 딴판이다. 하, 이 가사를 들을 때는 한숨이 절로 나온다. 아무도 찾지 않는 연극 속 조연이라니. 영화 〈라라랜드〉(2016)에서 배우 지망생으로 나왔던 엠마 스톤도 '아무도 찾지 않는 연극'을 선보인 적이 있다. 엠마 스톤은 적어도 그 연극에서, 물론 1인극이긴 했지만, 주인공이었잖아. 관객도 없는 무대에서 주연도 못한다고? 그야말로 '뼈 때리는' 구절이다. 내 얘기 같아서 더 타격감이 큰 것인지도 모르겠다.

다시, 높은 마음으로

그런데, 그런데 말이다. 조금 더 깊이 '자기 객관화'를 해 보자. 진짜 내 자리는 구리기만 할까? 예쁘고 귀여운 구석은 하나도 없을까? 보기는 좀 그럴지 몰라도, 앉아 보면 썩 괜찮은 느낌을 줄 수 있지 않을까?

머리를 굴려서 좋은 점을 찾아보자. 기자는 글을 쓰고 말을 해서 밥 벌어먹을 수 있는 몇 안 되는 직업 중 하나다. 단순 노동이 아니라 장인 정신을 발휘할 수도 있다. 가끔은 컨베이어 벨트에 선 것처럼 기사를 찍어 내기도 하지만, 때로는 혼신의 힘을 다해 한 땀

한 땀을 수놓으며 명품을 만들 때도 있기 때문이다. 내 나이와 경력으로 다른 직업에서는 상상할 수 없는 영향력을 발휘할 가능성도 있다. 잘 안되는 걸 알더라도, 가끔 의도와 반대의 결과가 일어나더라도, 높은 이상을 지향하는 일이다. 좁고 답답한 '지역'에서 일한다는 사실은, 반대로 생각하면 변화를 만들어 내기가 더 용이한 환경이라는 뜻도 된다.

다시 〈높은 마음〉이다. '현실은 시궁창'을 노래하는가 싶더니, 그래도 이내 희망을 보여 준다.

그래도 조금은 / 나 특별하고 싶은데 / 지금 그대와 같이 /
아름다운 사람 앞에선 // 높은 마음으로 살아야지 / 낮은 몸에
갇혀 있대도 / 평범함에 짓눌린 일상이 / 사실은 나의 일생이라면
// 밝은 눈으로 바라볼게 / 어둠이 더 짙어질수록 / 인정할 수 없는
모든 게 / 사실은 세상의 이치라면

아, 이 가사를 들을 때는 탄성이 절로 나온다. 내가 갇혀 있는 몸은 비록 낮지만, 마음만은 높은 곳에 두자. 흘러가는 시간이 평범하게 느껴질지라도 거기에 지배되지는 말자. 사위가 어두울수록 안광을 밝혀 보자. 한계를 직시하고 극복해 보자. 막연한 생각이었

어도 기자를 택했던 그때의 높았던 마음을, 다시 떠올려 보자.

그리하여, 어떻게 하면 고심(高心)을 지향할 수 있을지 고심(苦心)해 보려고 한다. 짧지도 길지도 않은 기자 생활 가운데 경험하고 느끼고 생각한 바를 기록해 보려고 한다. 여기에 남기는 글은 보고서와 일기, 잡념과 몽상의 어느 사이에 있을 것이다. 엄밀한 논증을 서지지 않았을 수도 있고, 짧은 경험에 의해 확립된 확증편향으로 쓰인 부분도 있을 것이다. 그러니 반박 시 여러분 말이 무조건 옳다. 어찌 됐든 동종 업계의 언론 노동자나 기자 지망생, 언론 소비자들에게 조금이라도 생각할 만한 거리를 던져 주길 희망한다. 고민과 생각을 나눌 공간을 제공한 〈우리의 자리〉에 깊은 감사를 드린다.

1장

시선에 맞서

1. 촌놈과 새끼들

"서울 촌놈"

아마도 초등학교 2학년, 아홉 살 때였을 것이다. 서울에서 내가 살던 곳으로 전학을 온 친구가 있었다. 반 아이들은 대부분 토박이였다. 취학 시기쯤에는 어엿한 사투리 원어민으로 성장해 다양한 방언을 능숙하게 구사할 수 있었다. 그런 분위기에서 서울 친구의 말투는 눈에 띄지 않을 수 없었다. 상냥하고 나긋나긋하며 조금은 귀족적이기까지 했다. 욕설마저 덜 사나운 느낌이었다. 저거야말로 '교양 있는 사람들이 쓰는 서울말'이 아닌가. 감탄사와 어미와 체언에 온갖 신기한 사투리를 붙여 말하던 우리와는 다른 사람처럼 보였다.

"야, 서울 촌놈!" 그런 그에게 우스운 딱지를 붙인 주인공은 다름 아닌 담임 선생님이었다. 서울에서 왔는데 촌놈이다? 정확히 어떤 뜻인지는 모르겠는데 어린 마음에도 기가 막힌 말이다 싶었다. 일단 입에 착착 붙었다. 놀리기에 그만한 별명이 없었다. 서울 친구에게 본때를 보여 주자는 정서도 은연중에 퍼져 있었던 것 같다. 그 날로 그 친구는 '촌놈'이 됐다.

이후 머릿속 어휘 사전에는 '서울 촌놈'이라는 표현이 확고히 자리 잡았다. 뜻풀이는 대강 '서울에서 왔다 뿐이지 다른 동네에 대해서는 무지(無知)하기만 한, 별 볼 일 없는 녀석' 정도로 정리됐다. 어릴 적엔 별생각 없이 쓰곤 했던 표현, 지금 돌이켜 보면 지독하게 편협하고 열등감으로 뒤틀린 말이다. 단지 서울에서 왔다는 이유만으로 그딴 대접을 받아야 한단 말인가? 그가 어떻게 자랐고 어떤 사람이며 서울과 광역시에 대해 어떤 생각을 하는지는 전혀 모른 채로? 서울 친구에게 그 말을 쓴 것이 아이들이 아니라 담임 선생님이었다는 사실은, 아마도 '지방'의 열등감을 훨씬 더 강하게 체감하고 있던 게 어른이었기 때문이었을 것이다.

"지방 새끼들"

'서울 촌놈'이라는 단어를 다시 곱씹게 된 건 대학생이 되어 실제로 서울에서 살게 된 뒤였다. 일단 사람이 많아도 너무 많았다. 지하철 환승도 익숙지 않았다. 행선지를 잘못 보고 지하철을 탔다가 목적지까지 제때 도착하지 못한 일도 여러 번이었다. 무슨 약속 장소를 가려면 편도로만 1시간 넘게 이동하는 일도 잦았다. 금방 깨달음의 순간이 찾아왔다. 진짜 촌놈은 나였구나.

촌놈의 낯선 서울 생활. 대학에는 비슷한 자들이 많았다. 학과 동기들은 90%가 나처럼 비서울 출신이었다. 스무 살, 연고도 없는 동네로 '올라와' 갑자기 대학생 신분을 갖게 된 촌 출신 청춘들은 고삐 풀린 망아지처럼 지겹게도 어울려 놀았다. 사는 곳은 기숙사거나 학교 근처 자취방이었으니 지하철이 끊길 걱정도 없었다. 귀가 걱정을 해야 하는 서울 친구들은 이른바 '통학파'로 불렸다.

밤이 깊어도 거처로 도통 돌아가지도 않고 술집과 길바닥을 전전하는 무리가 고깝게 보였나 보다. 어느 날 서울 출신 동기 한 명이 충격적인 글을 SNS에 올렸다. "지방 새끼들이 과에 너무 많아서 짜증이 난다"라는 내용이었다. 야, 너 짜증 난대. 걔가 더 짜증 나거든. '지방러'들의 분노는 컸지만 마땅히 대응할 방법이 없었다.

개인 공간에서 한 말인데 공론화하기도 그랬다. 어차피 친하지도 않았던 사이였다. 씁쓸함만 남긴 채로 사건은 종결됐다.

그런데 특정 집단에 광역 도발을 걸었던 그 내용보다 더 눈에 들어왔던 건 그 전까지는 크게 신경 쓰지 않았던 '지방'이라는 말이었다. '비서울'이라는 모호한 공통점을 갖고 우리를 하나로 묶어 버린다고? 누구는 농가에서 자랐고, 누구는 그야말로 '아스팔트 킨트'(Asphalt Kind)인데? 서로 다른 자아를 이루고 있는 수많은 요소는 '지방 출신'이라는 정의(定義) 앞에서 사라져 버렸다. 그러고 보니 학내 온라인 커뮤니티 같은 곳에서는 '지방'이라는 단어가 많이 쓰이고 있었다. 공공기관 지방 이전, 지방 근무, 지방대 채용 할당……. 긍정적인 함의는 별로 없었다. 그 뒤로 '지방'이라는 단어만 들으면 화가 치밀어 오르기도, 괜히 움츠러들기도 했다.

지방: 차별과 무지와 열등감의 언어

'지방'에서 기자 일을 시작한 뒤로부터 촌놈과 지방, 서울 같은 단어들은 그냥 지나가는 생각거리가 아니라 평생의 화두가 됐다. 지방 소멸과 지역 균형 발전 등에 관한 취재를 필연적으로 여러 차례 할 수밖에 없었기 때문이기도 하다. 그러면서 지방이라는 용어가 왜 모멸적인지 진정으로 이해하게 됐다.

무엇보다 이건 차별과 무지에 기반한 말이다. 너희는 우리와 다르다는 '타자화'를 추구한다는 점은 차별이다. 도저히 비슷하다고 볼 수 없는 무수한 도시와 농촌과 어촌과 산촌을 뭉뚱그리는 건 무지다. 순천, 순창, 춘천은 다른 곳이다. 영양, 영주, 영천도 같은 곳이 아니다. 이름 석 자 밝히듯이 '순서' 할 때 순(順), '천도복숭아' 할 때 천(天). 이렇게 말해 줘야 차이를 알까? 한국이나 일본이나 중국이나 그게 그거인 '아시안'이라고 부르면 기분이 어떤가?

외부의 왜곡된 시선만 있다면 사정이 좀 나을 수도 있을 것이다. 그러나 실제로 존재하는 비서울의 열등함, 그리고 거기서 비롯된 열등감은 '지방'이라는 말을 더 참담하게 만든다. 긴급히 맹장 수술을 할 수 있는 소아외과 전문의가 없어 다른 지역의 대학병원을 전전해야 했던 어느 아이의 이야기, 몇십 년 뒤에는 마을이 통째로 사라질 거라는 '지방 소멸'의 우울한 전망……. 하루라도 빨리 여기서 벗어나야 하나? 그들 말대로 우리는 2등 국민인 건가? 이런 생각이 들지 않을 수가 없다.

요즈음엔 '지방'을 대체하는 말로 '지역'이라는 말을 쓰곤 한다. 중앙과 변방이라는 의미를 지운 채, 동네·마을·도시를 중립적으로 가리키자는 거다. 상대성을 지웠으니 서울 역시 지역의 하나가 된다. 중앙 집권적인 사고를 버리고 분권을 지향하자는 의도다. 일종의 정치적 올바름을 지향하는 용어다. 환영할 만하지만, 실제로 존재하는 차이와 차별을 가리지는 못한다는 한계도 있다.

영호남의 지역감정이 문제라는 말은 크면서 지겹게 들었다. 그러나 지금에 이르러서는 서울과 비서울의 알력이 훨씬 더 심해 보인다. 한쪽은 무시하고 한쪽은 '열폭'(열등감 폭발)한다. (서울) 촌놈과 (지방) 새끼들의 대결. 결과는 어떻게 될까. 승자가 없는 해로운 싸움이라는 것은 분명하다. 새끼들을 무찌른다고, 촌놈들을 굴복시킨다고 서로가 얻는 이득은 아무것도 없다. 무의미한 갈등. 없앨 수 없다면 서로의 이해라도 증진하는 게 좋을 테다. 출신 성분과 처한 상황상 '새끼들' 편에 설 수밖에 없는 입장에서, '지방'이라는 말의 의미를 '촌놈들'에게 설명하는 이유다.

2. 왜 그들은 우리 동네의 사건과 사고를 요구하는가

가을 경찰서의 추억

서늘한 바람이 부는 가을이었다. 지친 몸을 가누며 택시를 잡았다. 목적지는 난생처음 가 보는 동네였다. 새벽의 거리는 불빛이 있어도 왜 그리 어두운지. 며칠 동안 수면을 미룬 탓에 졸음이 쏟아졌다. 담배 냄새에 찌든 택시 좌석이 안마의자처럼 느껴졌다. 상념은 찰나, 이내 필름이 끊겼다. "손님, 내려요!" 눈을 겨우 뜨고 황급히 짐을 챙겨 택시 문을 열었다. 언덕길을 따라 올라가니 정문이 보였다. 경찰서였다. 과연 오늘은 사건이 있을 것인가. 이번에도 당직자는 잡상인 대하듯 나를 쫓아내려 할 것인가. 제발 뭐라도 보고할 거리가 생기면 좋겠다. 문 앞을 지키던 의경에게 "기잡니다!" 하고 외쳤다. '수습'이라는 접두어가 생략된 채였다. 당당히, 그러나 떨면서 경찰서에 들어갔다.

형사과 당직실 문 앞에서는 실랑이가 벌어지고 있었다. 술을 마시고 소동을 피우다 경찰관을 때려 공무집행방해 혐의로 붙잡혀 온 40대 여성이 소리를 고래고래 지르던 상황이었다. 멀찍이 보고 있다가, 대강 뭣 때문에 저러는지 물어보려고 슬금슬금 가까이 갔다. 갑자기 끈적거리는 액체가 뺨에 닿는 게 느껴졌다. 목이 쉬도록 소리치던 여성이 뱉기 시작한 침에 맞은 거다. 너무 황당해서 아무 말도 나오질 않았다. 화장실에서 얼굴을 쓱 닦으며 든 생각은 그래도 보고할 얘기가 있어서 다행이라는 것이었다. 20대 후반, 평생 겪은 쓰디쓴 일을 모두 합쳐서 내밀어도 '평범하다'는 평가를 벗어나기 힘들던 수습기자에게는 매우 진귀한 경험이었다.

사건·사고는 지역 기자의 숙명

나는 왜 그토록 밤이슬을 맞으며 경찰서를 드나들었나. 수습 이후부터 상당 기간 출입처가 경찰서였고, 담당하는 영역이 '사건·사고'였기 때문이다. '사건기자', '사회부 기자', '사쓰마와리'(관내 경찰서를 도는 행위를 일컫지만 그런 일을 일삼는 기자를 부르는 용어로도 쓰인다). 부르는 이름은 다양해도 지칭하는 대상은 같다. 온갖 범죄와 사고, 화재 따위를 취재하고 보도하는 이들이다. 특정한 분야만을 다루는 전문지나 주간지를 제외하고, 일간지나 방송·통신사 취재 기자의 첫 출입처는 서울이든 지역이든 대개 경찰서다. 육하원칙에 입각한 사실관계 확인이라는, 취재 행위의 기본을 연마할 수 있다는 이유에서다.

특히 지역 기자들은 초년병 시절을 지나 보낸 뒤에도 쉽사리 경찰서를 벗어나지 못하곤 한다. 무엇보다 취재 영역이 제한적인 탓이 크다. 정치부, 경제부, 산업부, 문화부 등으로 나뉘어 국회, 각 정부 부처, 대기업, 공연예술계 등 다양한 출입처를 경험해 볼 수 있고 편집 등 내근 부서도 활성화돼 있는 서울 중심 매체들과는 사정이 다르다. 광역시청이나 도청 등을 출입하는 행정부, 경찰과 검찰·법원을 출입하는 사회부가 가장 중요한 두 개의 부서다. 이 두 곳을 벗어나면 사실 갈 곳이 별로 없다. 물론 조직도상 부서는 여러 군데로 쪼개 놓기도 하지만, 기타 부서들의 규모와 중요도는 크게 떨어지기 마련이다.

'고인 물'이 안 되려면 새로운 물줄기가 유입돼야 할 텐데, 신입 기자들마저 제때 들어오지 않거나 입사해도 퇴사·이직하기 일

쏘다. 동에서 서로, 남에서 북으로 경찰서 이름만 바뀌면서 경찰 출입 기자 생활을 이어 가는 경우가 많은 이유다. 겨우 사회부를 벗어 났다고 하더라도, 전국의 이목이 집중되는 대형 사건·사고가 발생 하면 분야를 막론하고 전력이 투입되는 경우도 있다. 그럴 때는 과 거의 가락을 살려 다시 사건 취재에 나선다. 그러니 사건과 사고는 결국 지역 기자의 숙명일 수밖에 없다. 어떤 매체에는 직업이 기자 가 아니라 '사건기자'인 것처럼 보이는 선배들도 있다. 수십 년 동 안 한 분야를 취재해 온 그들의 전문성과 인적 네트워크, 취재력이 야 말할 필요도 없다.

나 역시 길지는 않지만 짧지도 않은 기자 경력의 대부분을 사 건기자로 보냈다. 그렇다고 일 년 내내 절도·강도·살인·성폭행·아동 학대·주택 화재·교통사고·공장 폭발·수난 사고·건물 붕괴 따위의 일 만 다룬 건 아니다. 길바닥을 돌아다니며 교통과 관련한 기획 보도 도 하고, 내부 고발자의 억울함을 알리는 취재도 하고, 때로는 '총 맞아서'(데스크의 취재 지시를 받아서) 또는 당직 날이어서 전혀 관련 없는 정치나 경제 기사를 쓰기도 한다. 닥치는 대로 취재하지만 어 쨌든 기본 바탕은 사회부고 사건·사고다. 내 '나와바리' 안에서 무 슨 일이 일어나는지 늘 촉각을 곤두세울 수밖에 없다. 남들은 얼굴 찌푸리는 험악한 내용을 다룰 수밖에 없다.

강력 사건 취재보다 더 힘들었던 건

그런데 입사 후부터 한동안, 어쩌면 지금까지도 가장 스트레스가 큰 상황은 험상궂은 이야기를 취재할 때가 아니라, 내가 쓴 기사와 관련해 서울에서 연락이 올 때였다. 앞서 언급한 기나긴 사건·사고 유형의 목록처럼 지역 기자들은 온갖 사건과 사고를 취재해 써 재낀다. 이런 기사들은 일단 해당 지역에 보도된다는 전제가 있다. 우리 지역 일이니까 중요도가 좀 떨어질 수 있는 자잘한 내용이라도 일단 쓴다. 운전면허가 없는 청소년들이 렌터카를 타다 사고를 냈다는 따위의 기사들 말이다.

자, 오늘도 데스크가 승인했고 이제 기사는 출고된다. 얼마 안 돼 전화가 울린다. 서울에 본사를 두고 전국 취재망을 갖고 있는 언론사는 지역 뉴스를 전담하는 별도의 부서가 따로 있다. '전국부', '네트워크부', '내셔널팀' 이런 이름을 가진 곳이다. 지역에서 '올린' 기사를 받아 전국 매체로, 그러니까 신문은 지면에, 방송은 메인 뉴스에 내보내는 역할이다. 이 팀에서 내 기사를 본 거다. "그 거 기사 하나 보내 줘." 지시대로 기사를 보낸다. 금방 또 연락이 온다. 이런저런 점들을 보강해서 기사를 다시 써 달라는 내용이다. 물론 여러 사람의 손을 거쳐 기사의 완성도가 더 높아진다면 환영이다. 그러나 이 과정에서 원래 잡았던 기사의 틀이 흐트러지는 경우가 다반사다. 가끔은 도저히 기사에 넣고 싶지 않은 가십거리를 묻는 일도 있다. 아, 이거 특별한 일 아니니까 신경 끄시라고요. 이렇게 말할 수는 없지 않은가. 연차가 낮은 지역 사건기자들은 이런 상황에 대처하기가 더 쉽지 않다.

최악의 상황은 그렇게 흥미를 끌 수 있는 기사가 타사에서 먼저 나왔을 때다. 일단 '물을 먹었다'는 점에서 면목이 없고 목소리가 작아진다. 그러다 보니 요구는 더 거침이 없다. 아니, 상어가 횟집 수족관에서 새끼를 수십 마리 낳았다는데 그걸 몰랐단 말이야? 어떤 놈이 비닐봉지를 머리에 쓰고 치킨집을 털었다고 통신사에 떴는데, 이거 어떻게 된 거야? 대답할 수 있는 말은 한 가지다. "알아보겠습니다." 물론 물을 먹은 내 탓이다. 내가 미리 상어의 출산을 알았더라면, 기행을 벌인 절도범의 이야기를 들었더라면 그런 수모를 겪을 필요가 없었을 텐데. 후회해도 소용없다. '야, 이거 재밌다'라고 본사에서 판단하면 여하간에 취재해서 내 이름으로 기사를 내야 한다.

그들이 사건·사고를 요구하는 이유

그럴 수 있다. 늘 영혼을 갈아 넣은 탐사 보도만 할 수는 없다. 보는 이의 눈을 확 잡는 기사, 언론사 입장에서 물론 중요하다. 엽기적인 사건·사고 기사도 뭐, 쓸 수 있다. 필요하다면 내가 수습 시절 경찰서에서 비말로 안면을 가격당한 사연도 풀어 볼 수 있다. 그런데 왜 서울은 하고많은 기사 중에 주로 그런 기사들을 요구하는가? 30면이 넘는 일간지에 실린 지역 소식들은 왜 항상 흥미 위주인가? 내가 공들여 쓴 예산 감시 기사에는 왜 관심이 없나? 지역민들의 삶에 실질적으로 영향을 미치는 문제들이 사건·사고와 동등한 비중으로 서울 미디어에서 다뤄지는가? 서울이 아닌 지역은 늘 그런 일들만 발생하는 곳인가?

이런 시선 속에서 비서울은 특정한 사건명의 머리글자에 자리하게 된다. '밀양 여중생 사건', '제주 중학생 살인 사건', '인천 아동 학대 사건'처럼 말이다. 실은 지역명과 사건 내용은 별 관계가 없다. 특정 지역이라서 일어난 사건은 매우 드물다. 그러나 대중의 머릿속에서 지역명이 각인되는 계기는 이런 사건에 동네 이름이 붙었을 때다. 잔혹한 살인이 일어난 곳, 현대판 노예가 있던 곳이라며 비서울은 야만적인 공간으로 형상화된다. 강준만 전북대 교수는 이를 두고 '변고적 지방', 그러니까 어떤 재앙이나 사고가 일어나는 공간으로 지방을 보는 시선이라고 지적한다(강준만, 『지방 식민지 독립선언』, 개마고원, 2015). 지방은 뭔가 열등한 인간들이 기상천외한 사고를 치는 곳이라는 서사가 여기서 만들어진다.

경찰서를 오랫동안 출입하는 지역 기자들의 전문성이, 지역 이미지를 왜곡하는 데 활용되어서는 안 된다. 또는 지역 뉴스가 누군가의 흥미를 위해 찰나 동안 소비되는 이야깃거리로 전락되어서는 안 된다. 우리 동네에 어떤 일들이 일어났는지, 그 일이 왜 일어났는지, 이런 일이 반복될 가능성이 있는 건지, 우리의 안전을 위협하는 요소는 무엇인지, 어떻게 해결해야 하는지를 탐구하는 데 바쳐져야 한다. 언론학 교과서에 나오는 것처럼 "저널리즘이 가장 충성을 바쳐야 할 대상은 시민"(빌 코바치·톰 로젠스틸, 『저널리즘의 기본 원칙(개정 3판)』, 이재경 옮김, 한국언론진흥재단, 2014)들이고, 로컬 저널리즘에 있어서 시민들이란 결국 지역민들이기 때문이다.

3. 누워서 침 뱉기? 지역 혐오와 마주하며

매일 소논문을 쓰는 일

기자라는 타이틀과 직업을 갖고 싶었던 대학생 시절, 먼저 기자가 된 선배가 있었다. 인터넷을 검색하면 선배의 이름으로 쓰인 기사가 나온다는 사실이 참 신기했다. 가끔은 내가 익명의 대학생으로 인터뷰한 뒤 기사에 등장하기도 했다. 그 선배에게 기자는 어떤 거냐며 막연하고 멍청한 질문을 던졌다. 돌아온 말은 대학생 눈높이에 맞춘 그야말로 '현답'이었다. "간단히 말해서 매일 '리포트'를 쓰는 거라고 생각하면 돼." 한 학기에 몇 차례만 쓰면 되는 리포트 과제도 제대로 못 써서 빌빌대는데, 그걸 매일 쓴다니……. 과장도 심하다고 생각했다.

현업을 해 보니 그 말이 딱 들어맞았다. 상당수의 기사는 가설을 형성하고, 취재를 통해 근거를 찾고, 결론을 낸다는 점에서 일종의 소논문에 비교할 수 있다. 보통 공이 드는 일이 아니다. 발제부터 쉽지 않다. 멍하니 길거리를 쳐다본다고, 인터넷을 뒤진다고 아이템이 나오지는 않는다. 부단히 사람을 만나며 현안을 들여다보고 궁금증을 갖고 접근하지 않으면 안 된다. 취재 과정도 결코 수월하지 않다. '어서 옵쇼' 하고 반기는 취재원은 많지 않다. 뭔가를 지적하고 문제를 제기하는 기사가 많기 때문이다. 시간적 제약도 크다. 아침에 발제해서 저녁에 마감을 하는 건 양반이다. 오후에 갑자기 취재를 시작해서 몇 시간 안에 끝내야 하는 상황도 자주 찾아온다.

그렇다고 봐주는 건 없다. 기사 데드라인을 넘기는 건 스포츠로 따지면 실격이자 탈락이다. 사실관계가 틀리는 건 공장에서 만드는 제품이 오작동하는 셈이다. 기사 문장에 비문이 섞이거나, 상투적인 표현만 쓰거나, 논리적으로 앞뒤가 맞지 않는 등의 문제가 생기는 건 요리로 따지면 맛이 정말 없는 상황이다. 이 같은 불상사를 미연에 방지하기 위해서는 초긴장 상태를 유지할 수밖에 없다.

경주마처럼 하루에 기사 하나만 완성하는 걸 목표로 하고 달려간다면 사정이 좀 나을지도 모른다. 내 구역에서 발생한 일은 내가 책임져야 한다는 문제가 또 있다. 오늘 발제한 보조금 비리 사건을 취재하러 현장에 갔다가, 갑자기 터진 화재 사고를 알아보기 위해 전화를 돌리고, 다시 본 발제로 돌아와 관계 기관의 인터뷰를 따다가, 갑자기 시민단체가 낸 보도자료 스트레이트 기사를 쓰는 식이다. 이런 하루를 보내다 보면 다리는 달달 떨리고 입에서는 절로 단내가 난다. 흡연자는 끽연의 빈도가 잦아진다. 비흡연자는 커피든 물이든 뭔가를 계속 홀짝거린다. 해가 저물고 기사를 송고하면 어김없이 찾아오는 질문이 있다. 자문하지 않는다 해도 타인이 내게 물을 것이다. '내일은 뭐 하지?'

공든 탑이 무너질 때

숨 막히는 일상에 긴장이 탁 풀려 버리는 때가 있다. 출고된 기사의 댓글을 볼 때다. 열심히 취재하고 확인해서 썼는데 1분 만에 이런 코멘트가 달린다. "역시 ㅇㅇ도네." 댓글이 달린 시간이나 내용을 보면 기사를 읽지 않았다는 것을 명확히 알 수 있다. 어떤 주제인지, 무슨 내용인지는 신경 쓰지 않는다. '댓글러'의 두뇌에 지역명을 선별해 주는 AI라도 장착된 것일까? 내용을 읽지 않아도 어느 동네인지는 금방 알아채는 듯하다. 누군가 지역명을 짚어서 혐오 문장의 주어를 만들어 주면, 다른 이가 금방 나타나서 서술어를 써 준다. "거기선 전과 13범은 껌도 아님." "거기는 살인 사건의 도시 네."

기사를 소논문으로까지 규정하고 열심히 취재하고 써 댄 입장에서 힘이 빠지지 않을 수가 없다. 처음에는 분노가 치밀었다. 실명으로 대댓글을 달까도 생각했다. 몇 차례 반복되자 '이 ××들 또 이러네' 정도의 반응만 하고 말았다. 이제는 너무 터무니없어서 화도 안 난다. 아예 댓글을 확인하지 않으면 될 일 아닌가? 그런데 그건 또 쉽지 않다. 간혹가다 기사 댓글에서 후속 보도에 대한 실마리가 포착되기도 하기 때문이다. 그러다 또 기자의 출신지는 어디냐, 부모님은 강녕하시냐, 너네 동네는 왜 그러느냐는 등의 정중한 댓글을 접한다. 대미지가 쌓일 수밖에 없다.

양혜승 전남대 교수는 2018년 발표한 논문「포털과 지역혐오」(『한국언론학보』, 제62권 제6호, 한국언론학회, 2018)에서 이런 지역 혐오 댓글의 실태를 면밀히 분석했다. 양 교수는 '낙인 이론'과 관련한 연구를 원용해, 범죄 기사에 달린 지역 혐오 댓글의 유형을 다섯 가지로 나눈다. 해당 지역에 고유한 이름을 붙이는 '라벨링', 부정적인 고정관념을 언급하는 '스테레오타이핑', 그 지역을 아예 다른 나라로 취급하는 '분리하기', 단순히 지역 이름만 적어 놓는 '지역 단순 명기', 사투리를 흉내 내거나 반어법으로 깎아내리는 '조롱하기'다. 특히 인터넷·모바일 범죄 기사에 달린 댓글은 '지역 단순 명기'와 '조롱하기' 유형이 높은 비율을 보인다. 양 교수는 이를 두고 "단순 호명은 '우리와는 다른 그들'이라는 멸시를 복합적으로 담고 있는 혐오 감정의 발현"이라고 평가한다.

온라인 댓글에서 나타나는 지역 혐오의 절대다수는 특정 지역을 향하고 있다. 양 교수의 논문이 분석 대상으로 삼은 혐오 댓글 가운데 64%는 전라도 지역을 겨냥하고 있는 것으로 드러났다. 광주·전남·전북의 범죄율은 서울이나 부산 같은 대도시보다 낮은데도, 범죄 기사에 대해 "전라도죠?", "전.라.도" 같은 댓글을 달아 마치 범죄 발생이 자연스러운 지역이라는 낙인을 찍는 것이다. 심지어 서울이나 경기에서 발생한 범죄에 전라도 혐오를 표출한 댓글도 상당수였던 것으로 나타났다. 무슨 사건이든 범인의 출신 지역이 전라도일 것이라고 근거 없이 추측하는 게 대표적인 예다.

뿌리 깊은 혐오의 역사

댓글만 보면 2010년대 이후 '일베'에서 시작된 온라인상의 전라도 혐오에 시선이 집중된다. 그러나 이게 전부는 아니다. 지역 혐오는 역사가 길고 뿌리가 깊다. 중앙과 변방의 불균형은 언제나 존재해 왔기 때문이다. 강자는 무슨 특별한 이유가 있어서 약자를 혐오하고 차별하는 게 아니라, 그냥 그럴 수 있어서, 또 지금까지 그래 왔기 때문인 경우가 많다. '홍경래의 난'을 일으킨 홍경래는 이미 1811년 전국에 격문을 띄우며 다음과 같이 외쳤다. "심지어 권문의 노비들도 서토의 사람을 보면 반드시 평안도 놈이라 일컫는다. 서토에 있는 자 어찌 억울하고 원통치 않은 자 있겠는가?"

200년 뒤 한반도의 변방에서 살아가는 이들의 정서도 크게 다를 것이 없다. 모두가 감염병의 두려움에 떨던 코로나19 바이러스 범유행 사태 초기, 대구도 억울한 취급을 당해야 했다. 신천지와 관련해 집단 감염이 급속도로 퍼지면서 혐오의 화살은 대구로 향했다. '우한 폐렴'에 빗댄 '대구 폐렴'이라는 표현이 지역민들에게 깊은 상처를 줬다. '대구를 폐쇄하자'는 온라인의 과격한 주장을 실제로 인용한 정치인들도 있었다. 가슴 아픈 비극인 대구 지하철 화재와 코로나19 사태를 연관 지은 악성 댓글이 방송통신심의위원회에 의해 삭제되기도 했다. 강력한 혐오를 직접적으로 드러내지 않더라도 지역에 대한 편견 어린 시선이 담긴 댓글은 수두룩하다. 강원도에는 감자가 많이 난다, 충청도 사람들은 말씨가 느리다는 등의 장난스러운 편견도 때에 따라서는 상처가 된다.

내가 공리주의의 적인가?

댓글 다는 사람들이 나쁜 거야. 이렇게 단순하게 넘기고 누리꾼들을 악마화한다면 기자 마음은 편할 수도 있다. 그러나 문제는 그렇게 단순하지 않다. 내가 쓴 기사들이 혐오 정서에 먹이를 주는 건 아닐까? 내 기사에 달린 댓글을 보고 누군가 지역 혐오를 더 강하게 가지게 되었다면, 애초 기사를 생산한 나에게 책임이 있는 것은 아닐까? 특히 지방 권력을 감시하자는 뜻에서 힘줘 쓴 고발 기사들이 지역 혐오의 기제가 되는 것처럼 보일 때 이런 고민은 더 깊어진다. 기사를 통해 바뀌거나 개선되는 것은 별로 없고, 지역에 대한 부정적인 시선만 많아지는 것 아닌가 하는 의심에 빠지게 된다. 공리주의적인 관점에서 볼 때 내 기사가 '최대 다수의 최대 행복'을 달성하는 데 오히려 부정적인 영향을 주는 건 아닐까?

이 같은 의심은 그 자체로 취재에 방해가 된다. 조금 '하드'한 취재를 하려고만 들면 자기 검열의 덫에 걸려들기 때문이다. 기자들의 이런 정서를 기가 막히게 파고들며 기사를 막으려는 이들도 있다. 기자님, 그거 쓰면 우리 고장을 욕보이는 꼴이 되지 않겠어요? 부정적인 기사를 반드시 낼 필요가 있겠어요? 누워서 침 뱉기 아니에요? 말이 되는 것 같지만 사실은 말이 안 된다. 기사를 작성할 만한 다른 요건이 충족된다면, 지역 이미지를 나쁘게 만들 가능성이 있는 기사라고 하더라도 쓰지 않을 수는 없다.

그리하여 오늘도 쓴다. 그리고 오늘도 혐오를 마주한다. 또 괴로워한다. 이런 악순환을 끊을 방법은 없을까? 누워서 침을 뱉되, 그 침이 우리 동네에 떨어지지 않게 할 묘책은 없을까? 여전히 해결하지 못한 질문이다.

4. 누가 세상을 바꾸는가: 솔루션 저널리즘과 '로컬'

"혹시 기자세요?"

전국의 모든 기자가 한곳에 모여들었던 세월호 참사를 생생히 기억한다. 수학여행을 가던 학생 수백 명이 탄 여객선이 침몰하고 있다는 보도가 아침에 전해졌다. 내 '나와바리' 밖이었지만 사안이 커도 너무 컸다. 얼마 지나지 않아 현장으로 보내졌다. 어느 정도 규모의 사고인지도 모른 채, 어떤 아비규환이 기다리고 있는지도 알지 못한 채 일단 갔다. 실종자 가족들이 지내던 실내체육관과 사망자가 발견됐을 때 이송되던 항구가 주요 현장이었다. '캡'(사회부 사건팀 팀장)이나 사수의 '미션'을 수행하는 게 최우선 과제이던 '새끼 기자' 시절이었다. 구조 당국과 유족을 취재해야 했다. 그러나

'전원 구조' 오보의 충격으로 기자를 대하는 분위기는 흉흉했다.

현장에서 아는 기자와 대화를 나눌 때였다. 누군가 불쑥 물었다. "혹시 기자세요?" 무슨 일인가 싶어 그렇다고 대답했다. 뒤이어 날아든 건 쌍욕이었다. 표현은 몹시 거칠었지만, 내용은 기자들이 취재를 제대로 하는 거냐, 실종자 가족들의 이야기는 왜 뉴스에 다뤄지지 않는 거냐는 합당한 물음이었다. 나라는 개인을 향한 것이 아니라 언론 전체를 향한 외침이었을 것이다. 2층짜리 건물인 실내체육관에서 기자들의 1층 출입이 금지된 것 역시 그런 이유 때문이었다. 기자가 되고 나서 맞닥뜨린 가장 큰 사건의 현장에서는 언론에 대한 불신이 실시간으로 확대 재생산되고 있었다. 세상을 조금이라도 나은 곳으로 바꾸겠다는 기자 지망생 시절의 마음은, 어느덧 욕이라도 덜 먹어야겠다는 방어적인 태도로 바뀌고 있었다.

'기레기' 안 되려는 몸부림

세월호 참사를 계기로 '기레기'라는 용어도 널리 쓰이게 됐다. 처음에는 '기자+쓰레기'라는 뜻의 신조어였지만 워낙 많이 사용되다 보니 언중들 사이에 굳게 자리 잡은 명사가 됐다. 누가 봐도 정치적인 의도를 담아 사실관계를 왜곡한 기사, 확정적인 사실이 아닌데 '팩트'인 것처럼 썼다가 뒤늦게 오류가 드러난 기사를 본 이들은 '기레기'라고 입을 모아 외쳤다. '기레기'는 단순히 잘못 쓰인 기사에 대한 비판만 담는 게 아니라, 언론계 전반의 정당성에 문제를 제기하는 표현이기도 하다. "기레기라는 호칭은 단순히 보도물을 생산·보도하는 기자 개개인에 대한 평가에 국한되지 않으"며, "언론에 대한 부정적 논의를 시작하기 위한 매개언어"(이상호·김성태, 『기레기 멸칭』에 내재된 언론비판 인식 분석: 주요 온라인 커뮤니티 내용분석을 중심으로』, 『한국언론정보학보』, 115호, 2022)라는 것이다.

그 어떤 집단이 '쓰레기'라고 불리는 걸 반기겠는가. '우리는 쓰레기가 아니다'라는 공허한 외침만 할 것이 아니라, 외부의 인식을 바꿔야겠다는 목소리가 언론계에서도 높아지고 있다. 기자들이 뭘 잘못했는지, 앞으로 더 잘하려면 어떻게 할 건지 대안을 마련하려는 움직임이다. 대표적인 게 '솔루션 저널리즘', 또는 '문제해결 저널리즘'의 도입이다. 이정환 『미디어오늘』 대표가 주창하는 솔루션 저널리즘이란, 문제뿐만 아니라 문제 이후의 과정에 집중하는 방법론이다(이정환, 『문제 해결 저널리즘』, 인물과사상사, 2021). "좌절하고 절망하는 사람들에게 변화의 희망을 불어넣는 극적인 저널리즘이 필요"하다는 이유에서다. 무언가 비판하고 누군가 깎아내려야만 존재의 의의가 있는 것처럼 구는 혐오스러운 언론에서 벗어나 문제의 해법, 또는 해법을 풀어낼 실질적인 아이디어를 제시하자는 주장이다.

솔루션 저널리즘, 당연한 것 아닌가?

아니, 저널리즘의 목적 자체가 문제를 해결하는 것 아닌가? 언론이라면 솔루션을 내놓는 건 당연한 일 아닌가? '문제 해결 저널리즘'은 '골 넣는 공격수', '범인 잡는 경찰'처럼 동어 반복적인 표현이 아닌가? 그러나 유감스럽게도, 좀처럼 골을 넣지 못하는 공격수와 허구한 날 범인을 놓치는 경찰이 꽤 있다. 해법을 진지하게 다루지 않는 언론은 그보다도 많은 것 같다. 일단 문제 해결보다는 문제 지적에 훨씬 많은 시간을 할애하고, 그것이 더 중요하다고 생각하는 게 언론의 생리다. 추잡하고 자극적인 소문이 훨씬 빨리 퍼지는 법이다. 소문이 빨리 퍼져야 돈이 된다. '재미'를 갖기 힘든 해법은 빨리 퍼지는 소문이 되기도 어렵다. 경험적으로도 그렇다. 여러 꼭지로 구성된 기획 기사를 써 보면, 문제를 제기하는 초반 꼭지는 상대적으로 조회 수가 높다. 하지만 힘들게 해외 사례와 전문가를 취재해 해법을 제시하는 후반 꼭지는 '무플'에 신음할 때가 많다.

해법을 내놔야 한다는 강박증이 오히려 제대로 된 해법 제시를 막는 일도 있다. 구조적 글쓰기를 직업적으로 훈련받는 기자들은 기사의 틀, 업계 용어로 하자면 '와꾸'에 집착한다. 기획 기사를 쓴다면 '① 사례, ② 문제 분석, ③ 통계 제시, ④ 대안 제시'의 틀을 일단 갖춰야 한다고 생각한다. 마치 김밥에 햄과 단무지와 맛살과 우엉이 들어가듯이, 하나라도 빠지면 하자가 있다는 인식이 있다. ①번 항목의 사례가 없으면 데스크는 "밋밋한데? 사례 찾아와"라고 할 것이다. ③번 항목의 통계가 누락된다면 "의원실이든 어디든 전화 돌려서 통계 빨리 확인해 봐"라고 말할 게 분명하다. 이런 맥락에서 ④번의 대안 제시 역시 어떻든 간에 기사에 들어가기는 해야 할 것만 같은 느낌이다. 없다면 "그래서 뭐가 어떻다는 건지 모르겠어"라는 데스크의 촌평이 나올지도 모른다.

그래서 '쾌도난마', 그러니까 한 방에 모든 문제를 해결하고 정리해 주는 해법이 등장해 버린다. 마치 그리스 연극에서 '데우스-엑스-마키나'가 등장해 혼란스러운 인간 세상의 문제를 정리하듯이, 하늘에서 뚝 떨어진 해결책이 나타난다. 마침 기자가 듣고 싶은 말이면 어떤 멘트든 해 주는 전문가 그룹도 존재한다. 그러나 그런 부류의 해법이 실제로 실행 가능한지, 실례로 검증됐는지, 긍정적

변화를 이끈다는 보장이 있는지는 의문이다. 복잡다단한 사회의 피곤한 문제들은 엉킨 실을 단칼에 자르는 대안으로 해소되기 어렵다. 칼럼니스트 박권일이 "문제는 비명을 지르지만, 해법은 속삭인다"라는 유명한 말을 "문제는 비명을 지르고, 해법은 제각기 절규하며, 끝내 최악의 해법이 실현된다"(박권일, 「답보다 질문」, 『한겨레』, 2019.12.12.)라고 비튼 이유도 여기에 있다.

모든 걸 다루거나, 이거라도 다루거나

그래서 솔루션 저널리즘은 "우리 주변의 많은 문제들이 거대 담론이 아니라 디테일의 영역에 있고, 제도가 아니라 실천에서 막혀 있는 경우가 많다"라며 "문제를 정확하게 규정하고 본질을 파악하고 해법과 대안에 이르는 과정을 추적하자"라고 제안한다(이정환, 『문제 해결 저널리즘』). 디테일, 실천, 대안 추적. 말처럼 쉬운 일이 아니다. 특히 한반도에서 발생하는 이슈를 모두 챙겨야 하는 종합 일간지나 중앙 방송사에서는 더 그렇다. 주요 언론사의 보도국장이 새로 임명될 때마다 '백화점식 뉴스를 하지 않겠다'고 말한다는 건, 거꾸로 보면 잡화가 매대에 진열된 것처럼 기사를 나열하는 식의 편집이 매우 일상적이었다는 뜻이기도 하다. 그러니 모든 걸 다루려다 아무것도 제대로 다루지 못한다. 기자 개개인의 노력과 성찰로 바꾸기에는 쉽지 않은 구조적 한계가 존재한다는 말이다.

이런 상황에서 지역, 로컬은 솔루션 저널리즘을 실천하기 매우 좋은 마당이다. '솔루션'이 필요한 문제 대부분은 서울이든, 아니면 '지방'이든 특정 지역을 배경으로 한다. 해당 지역을 대상으로 하는 지역 언론의 입장에서는 손 닿는 범위에 문제가 있는 셈이다. 풀어야 하는 이슈가 가까운 만큼 대안도 멀리 있지 않을 가능성이 크다. 실제로 문제를 해결할 수 있는 주체들이 그 지역에 있다는 말이다. 언론의 관심이 분산될 만한 거대 담론 역시 지역에서는 많지 않다. 그러니 신문 1면에 매우 세세한 내용을 올려도, 몇 날 며칠이고 방송 뉴스에서 같은 주제를 다뤄도 거부감이 적다. 세상의 변화에 조금은 비껴 나 있는 지역의 특성이 오히려 장점으로 작용할 수도 있다. 기자들이 뭔가를 외친다고 해서 그렇게 바뀌는 세상이 더 이상 아니라고 하지만, 지역에서는 아직도 언론의 외침이 생각보다 잘 통하는 경우가 더러 있다.

'솔루션 저널리즘'이라는 타이틀을 걸지 않더라도 지역 언론이 문제를 해결하는 사례는 그래서 생각보다 차고 넘친다. 2018년 『부산일보』는 형제복지원 사건을 드러내 재조사를 이끌어 냈다.

같은 신문은 2021년 중금속 범벅인 폐광산이 도심에 산재해 있음을 알리고, 출입 통제·전수조사가 이뤄지도록 했다. 『강원일보』는 2020년 춘천 미군기지의 부실 정화 문제를 보도해 두 차례의 조사를 진행하도록 했다. 2021년엔 납북됐다 귀환한 어부들의 간첩 조작 사건을 다뤄 피해자들의 명예를 회복했다. 경기 북부 지역에 있는 CJ헬로(현 LG헬로비전) 나라방송은 경기 양주에서 일어난 LP 가스 폭발 사고를 열 차례 보도해 피해자들이 보상받을 길을 열기도 했다.

지역 기자 할 맛, 민원 해결 저널리즘에서 찾다

지역에 밀착해 문제를 보여 주고 해결을 모색하며, 그 과정에서 얻은 신뢰를 바탕으로 또 다른 취재를 이어 가는 모습이야말로 지역 언론의 이상적인 모델일 것이다. 『경남도민일보』 이사를 지낸 김주완 기자는 이를 '민원 해결 저널리즘'이라고 부른다(김주완, 『대한민국 지역신문 기자로 살아가기』, 커뮤니케이션북스, 2007). 기자의 영향력으로 사적인 민원을 들어주는 게 아니라, 공적인 성격을 갖는 제보와 민원을 적극적으로 듣고 취재해 문제를 해결하자는 제안이다. 불합리한 도로 선형을 바꾸고, 어린이들이 위험하게 다니는 길에 횡단보도를 놓고, 폐기물 처리 문제로 답 없이 싸우는 두 마을에 해결 방안을 제시하는 식이다. 사소해 보이지만 당사자에게는 작은 문제가 아니다. 실제 존재하는 문제에 대해 언론이 구체적인 해법을 제시할 수 있다면, 그건 곧 지역 발전에 실질적으로 기여하는 길이기도 하다.

기자가 된 지 20년이 넘은 베테랑 선배에게, 가장 기억에 남는 기사가 뭐냐고 물어본 적이 있다. 굵직굵직한 기자상을 받은 작품들 얘기가 나올 줄 알았다. 아니었다. 그는 어떤 기관이 서류를 끊어 준 뒤에 받는 몇백 원짜리 수수료가 근거 없는 것이라고 문제를 제기한 보도가 인생 기사였다고 말했다. 실제 보도 이후 수수료는 사라졌다. 지역 주민들에게 실질적인 도움을 준 것이 뿌듯했다고 했다. '기레기' 소리를 들으며 많이 희미해졌지만, 세상을 조금씩이라도 바꾸겠다는 의지와 실천, 그거야말로 기자 하는, 또 지역 기자를 하는 맛일 테다.

2장 속사정은

1. 기자가 너무 많다, 언론이 너무 없다

갑자기 국장이 된 사연

공사가 끝난 지 얼마 지나지 않은 A군청의 신청사에서는 새 집 냄새가 풀풀 났다. 강당은 1층에 자리했다. 농구 코트를 8면쯤 만들 수 있을 정도로 컸다. 강당 한가운데는 대기업 주주총회에 쓰일 것 같은 기다란 대형 테이블이 여럿 보였다. 마련된 자리가 수십 개였다. 군청 어디에서 그렇게 가져왔는지 자리마다 육중한 '회장님 의자'가 위용을 자랑했다. 신년 기자간담회였다.

"여기 앉으시죠." 안내받아 앉은 자리에는 정성스럽게 제작한 간이 명패가 있었다. 무심코 명찰을 들어서 살펴봤다. 'OOO 국장'이라고 쓰여 있었다. 분명 내 이름인데, 소속사도 제대로 적혀 있는데, 국장이라니? 그렇게 동안은 아니지만 그렇다고 '국장'으로 보일 만큼의 액면가는 아닌데. 주변 자리를 둘러봤다. 명패가 전부 '국장' 아니면 '부장'이었다. 그분들은 다행히 그 직함에 어울리는 외모로 보였다. 당황한 와중에 간담회가 시작됐다. 손을 들어 항의하는 것도 민망하고, 누가 명패를 못 보도록 덮어 버릴 수밖에 없었다.

'호칭 인플레'의 홍수

이 일을 하며 만나는 다양한 사람들에게 별의별 호칭을 들어 봤다. 가장 무난한 호칭은 아마도 '기자님'일 것이다. '님' 자가 조금 부담스럽긴 하다. 그러나 나도 상대방 호칭 뒤에 '님'을 붙이는 편이니 문제는 없다. 나보다 손윗사람이거나 업계 선배, 또는 가까운 사이라면 성씨를 붙여서 'ㅇ 기자'라고 부른다. 취재하다 보면 사안을 두고 첨예하게 부딪히다 취재원과 감정이 격해지기도 한다. 그럴 때는 '당신'이라는 소리도 종종 듣는다. 귀찮은 존재로 여겨질 때는 간혹 '저기요', '선생님'이라는 말로 불린다. 어떤 분들은 일상에서 훨씬 더 자주 접하게 되는 운전사들에 대한 호칭과 헷갈린 나머지 '기사님'이라고 하기도 한다. 귀여운 실수인 셈인데, 굳이 정정을 요구하지는 않는다. 기자는 어쨌든 기사를 쓰는 존재이니 내 일을 귀히 여기라는 의미라고 받아들인다. 종류는 여럿이지만 모두 상식 범위 안에 있는 것들이다.

골치가 아파지는 시점은 주로 상대방이 지나친 배려를 할 때부터다. 어떤 기관이든 출입처가 정해지면 홍보 담당자들과 안면을 트게 된다. 첫 만남에서 듣는 단골 질문은 직급이 뭐냐는 것이다. 초면에 왜 저런 걸 묻나 싶었다. 적절한 호칭을 정하기 위해서라는 걸 뒤늦게 알게 됐다. 그냥 '기자님'이라고만 하면 성에 차지 않고, 차장님·부장님·국장님 따위로 불려야 직성이 풀리는 부류가 있다는 것이다. 그러다 보니 묻지도 않고 일단 높은 직급으로 불러 보는 이들도 꽤 있었다. 나이 지긋한 50대 공무원들이 잘해 봐야 조카뻘인 젊은 기자에게 '국장님'이라고 부르는 식이다. 본인을 조금 낮추더라도 호칭을 높이면 손해 볼 게 없다는 계산일 테다. 군청 기자간담회에서 접한 황당한 '호칭 인플레이션'이 탄생한 경위다.

200명인가, 300명인가? 내기해 보자

'짬'이 쌓이고 지역 사정을 좀 더 자세히 알게 되니, '국장님' 사건의 또 다른 면모가 눈에 들어왔다. 어느 자치단체의 홍보 담당자에게 흥미로운 얘기를 들었다. 한번은 홍보 담당자들끼리 내기를 했다고 한다. 비슷한 규모의 옆 자치단체에 출입하는 기자의 수는? ① 200명, ② 300명. 내가 만난 담당자는 ①번에 걸었다. 결과는 '꽝'. 답은 300명이었다. 아니, 무슨 중앙 부처도 아니고 그리 크지도 않은 규모의 자치단체에 출입 등록을 한 기자가 수백 명이 되느냐, 허풍이 심하시다고 반박을 해 봤다. 중앙 매체, 방송과 통신, 지방지만 해도 수십 군데에, 인터넷 매체들까지 추가되면 금방 세 자릿수 간다는 답이 돌아왔다. 내게 '국장님' 명패를 붙여 준 기자간담회에 있던 수많은 국장님과 부장님들도 그런 매체 소속이었다.

기자가 그렇게 많으니 해당 자치단체의 행정은 엄격한 잣대로 감시되고 견제될까? 작은 동네지만 알찬 기사들도 많이 나올까? 고개를 끄덕거리기 어렵다. 300명이 출입한다는 자치단체를 검색해 보면 기사는 수두룩하게 나온다. 그런데 내용이 토씨까지 천편일률이다. 관청에서 나오는 보도자료를 복사 후 붙여 넣기 하고 그냥 송고한 것이다. 보도자료가 열 개 나오면 기사도 열 개 나오고, 안 나오면 기사도 안 나온다. 사실 기자들의 등쌀에 보도자료가 안 나오는 일은 거의 없지만 말이다. 어쩌다 자체 취재한 기사는 더 가관이다. 문장의 주술 호응이 맞지 않는 건 예삿일이다. 팩트가 아니라 의견 나열의 연속인 경우도 많다. 기사의, 기자의 의도가 너무 빤히 드러나서 눈살이 찌푸려지는 이른바 '억까'('억지로 까다'의 준말) 기사들 역시 상당수다. 지역 언론의 역할과 기능을 강조한 앞의 글들이 무색할 지경이다.

이런 기사들, 지역민들도 잘 읽지 않는다. 그런데도 수많은 언론사가 생존, 나아가 번영할 수 있는 이유는 무엇일까. 자치단체장 혹은 지역 기업들이 '홍보비' 혹은 '광고비' 등의 명목으로 살길을 열어 주기 때문이다. 구독률은 떨어지지만 어쨌든 지역 신문의 기사들이 지역의 여론을 형성한다는 인식에, 자치단체장과 기업 수뇌부들은 '눈치'를 보지 않을 수가 없다. 그래서 기관이 재량껏 쓸 수 있는 광고 홍보비가 언론사들로 흘러 들어간다. 합법적인 경로로 광고를 주는 건 양반이다. 어떤 '주재 기자'들은 건설업·공사업 등을 겸하면서 여러 방식으로 군청과 시청의 사업을 따내기도 한다. 강준만 교수는 이런 언론들을 가리켜 '공무원 신문'이라고 부르기도 했다(『지방 식민지 독립선언』). 공무원들이 아니면 봐 줄 사람들이 없고, 공무원들에게 기생해 생존한다는 비판이었다.

반복되는 라디오 기사, 사유화된 뉴스

그나마 숫자가 소수이고 공공재인 '전파'를 쓰는 지역 방송은 어떨까. 여기도 비판받을 지점이 상당히 많다. 정기적으로 시간을 정해 놓고 전파를 타는 지역 라디오 뉴스를 주의 깊게 들어 본 이들은 알 것이다. 정보량도 많지 않은 단신 기사 하나가 얼마나 많이 '재탕'되는지 말이다. 전날 정오부터 다음 날 정오까지 계속 같은 기사가 방송되는 건 일상이다. 주말은 더 심하다. 이틀 동안 같은 기사가 나오는 것도 들었다. 설마 내가 들을 때만 라디오가 고장 나서 똑같은 기사를 반복하지는 않았을 것이다. 지역 뉴스에 나오는 인터뷰이들은 또 어떤가. 그야말로 그 나물에 그 밥이다. 자치단체장의 경우 서로 다른 뉴스 꼭지에 각각 등장하곤 한다. 특정 시민단체의 관계자는 일주일에 몇 번이고 전파를 타서 다양한 이해관계가 얽혀 있는 데다 복잡하기까지 한 사안을 쾌도난마처럼 정리해 준다. 과연 그가 모든 사안을 전지적 작가 시점으로 꿰뚫어 아는 걸까? 그게 가능할까? 기자의 의도대로 인터뷰해 주는 건 아닐까?

지역 방송사는 지역 신문사에 비해 비교적 독립적이라는 인식이 있다. 그러나 모기업에 종속돼 '언론의 사유화' 우려가 나오는 곳들도 있다. 대표적인 경우가 지역 민방(민영 방송)들이다. 빠듯한 뉴스 시간을 쪼개서 대주주, 즉 모기업 회장의 동정 보도에 많은 시간을 할애한다. 『뉴스타파』 연수생들은 2021년 「민방 '대주주 보도' 추적」이라는 기획 기사를 통해 이 같은 관행을 고발했다. 지역 토착 기업이 소유한 민방이 '회장님'에게 유리한 내용만 취사선택해 보도하고, 대주주의 사적 이해관계에 따라 보도 태도를 달리한다는 통렬한 지적이었다.

쓰지 못한 간담회 기사

'국장님' 소리를 들은 기자간담회 장면을 다시 떠올려 본다. 그 자리에 모여 있던 수많은 국장님들은 질문을 쏟아 냈다. "한국 기자들은 질문이 없나요?"라고 말한 오바마 전 미국 대통령의 말이 무색할 정도였다. 그런데 가만히 듣고 있자니 숨이 막히기 시작했다. 갑자기 과거 단체장의 '치적'을 늘어놓으며 장광설을 설파하다 '언론을 귀하게 대하라'는 훈계를 하는 이가 있는가 하면, 마을 도로가 너무 좁으니 길을 넓혀 달라고 민원을 제기하는 이도 있었다. 특정 공무원의 이름을 언급하며 '싸가지가 없다'고 '고자질'하는 사람도 있었고, 인사가 그렇게 이뤄지면 안 된다며 인사권 개입을 시사하는 발언도 나왔다.

말단 기자에서 순식간에 국장으로 격상된 자리였다. 웃고 넘길 에피소드일 수도 있다. 그러나 이런 수준의 국장이라면 사양하고 싶다는 생각이 들었다. 이렇게 기자가 많은데 진짜 언론은 어디에 있나. 업계 관계자인 내가 이렇게 느끼는데 '독자'와 '시청자'들은 지역 언론에 대해 어떤 생각을 하고 있을까. 내용 없이, 소득 없이 몇 시간에 걸친 기자간담회가 끝났다. 강당을 나온 국장님들은 홍보팀이 잡아 놓고 미리 결제해 놓은 식당으로 우르르 몰려갔다. 차마 거기에 따라가고 싶지는 않았다. 그날 간담회 기사는 결국 쓰지 않았다.

2. 우리가 돈이 없지, '가오'가 없냐

'가오'의 전설

고등학교 시절 '가오'라는 별명을 가진 친구가 있었다. 익히 알려진 말이지만 '가오'(かお)는 일본어로 얼굴이라는 뜻이다. '폼', '체면', '허세' 정도로 해석된다. 녀석은 입만 열면 '가오가 안 산다', '내가 가오가 있지'라는 말을 달고 살았다. 키도 작고 볼품도 없던 놈이었다. 공부도, 운동도 못 하는 축에 속했다. 싸움 실력이 출중하지도 않았다. 그러나 껄렁거리는 재주 하나는 있었다. 철저한 계급 사회였던 학교에서, '가오'는 상대적 약자를 괴롭히는 데 그 재주를 활용했다. '가오'가 '일진'이라는 무리의 말석에 낄 수 있었던 건 특유의 악의 때문이었다. 능력보다는 뭐든지 지지는 않겠다는

결기 혹은 오기로 살아남는 축이었다.

소식이 끊긴 지 오래인 그 친구가 보면 환장했을 만한 대사를 몇 년 전 영화에서 접했다. 배우 유아인의 "어이가 없네"라는 명대사가 탄생한 류승완 감독의 〈베테랑〉(2015)이다. 또 다른 주연 배우 황정민은 극 중에서 앞뒤 없는 열혈 형사를 맡았다. 황정민은 연기인지 실제인지 구별되지 않을 정도로 배역과의 기가 막힌 '싱크로율'을 보여 줬다. 재벌에게 뇌물을 받은 다른 형사에게 그는 이렇게 일갈한다. "우리가 돈이 없지, 가오가 없냐?" 영화배우 강수연이 실제로 한 말에서 따왔다는 대사다. 영화의 주요 기능이 대리 만족이라면 이 대사는 그 기능을 실현하는 데 큰 역할을 했다. 아, 주머니는 가벼워도 나에게는 '가오'가 있었지. 돈이 없는 많고 많은 이들에게 깊은 카타르시스를 주는 한마디가 아닐 수 없다.

기자들도 속으로 비슷한 생각을 많이 할 것이다. 드물게 일을 통해 자기 효능감을 달성할 때 그런 마음이 든다. 고위 공직자의 부정부패를 파고들 때, 나쁜 놈의 나쁜 짓을 폭로할 때, 어려운 처지에 놓인 사람을 기사로 도와줄 때 그렇다. 물론 자주 있는 일은 아니다. 그러나 그만큼 성취감이 크다. 내가 돈을 많이 벌지는 못하지만 이런 멋진 일을 하는구나. 이게 바로 기자라는 거구나. 이 맛에 기자를 하는구나. 나 잘난 맛에 산다는 게 바로 이런 느낌일 테다.

어쩌면 기자는 '가오'와 가장 불가분의 관계에 있는 직업인지도 모른다.

소리 높여 '가오'의 중요성을 외친 가난한 경찰 황정민은 결국 재벌 유아인을 체포하고야 만다. 그야말로 권선징악적 액션 활극이다. 그러니까, 말 그대로 영화일 뿐이라는 뜻이다. 현실에서는 돈이 없으면 '가오 잡기'가 쉽지 않다. '가오' 없이는 살 수 없다는 기자들의 세계 역시 그러하다는 사실을 조금만 따져 보면 금방 알 수 있다.

우리가 돈이 없지, '가오'가……

흔히 언론을 '사양 산업'이라고들 한다. '사양'(斜陽)은 비낄 사에 볕 양 자를 써서 어둑어둑해지는 저녁때의 햇빛을 의미한다. 조금만 까딱하다가는 암흑이 찾아오고 마는 그런 지경의 산업이라는 뜻이다. 언론계 전체를 그렇게 부른다면, 진즉에 빛을 잃어버린 지역 언론은 '야중(夜中) 산업'쯤 되지 않을까. 그래도 명맥을 유지하고는 있으니 햇빛이 아니라 달빛 정도에 빗대어 '월광(月光) 산업'이라고 불러야 할지도 모른다.

얼마나 돈이 없나. 객관적인 데이터가 있다. 한국언론진흥재단이 매년 발표하는 '신문산업 실태조사'다. 일간지와 주간지, 인터넷 언론사에 국한된 조사이기는 하지만 추세는 조사에서 고스란히 드러난다. 기자직 초임 급여를 보자. 전국 종합 일간지는 300만~350만 원을 받는다는 응답이 33.3%로 가장 많다. 반면 지역 종합 일간지는 150만~200만 원이 40.3%로 최다이다. 배 이상의 급여 차이가 분명히 존재한다. 그도 그럴 것이, 지역 종합 일간지의 평균 매출액은 전국지의 30분의 1에 지나지 않는다. 1인당 평균 매출액으로 가중치를 줘 봐도, 지역지는 전국지의 3분의 1 수준이다.

현장의 체감은 더하다. 회사는 적자가 누적되면서 대출도 쉽지 않은 상황이다. 지역의 A신문사에서 월급 20만 원을 더 준다고 하니, 경쟁 관계에 있는 B신문사 기자들이 '이직 러시'를 했다는 일화도 있다. 긴 시간 한 회사에 붙어 있는 지역 기자들이 많지 않은 이유이기도 하다. 그러니 지역 기자들은 기회만 되면 언론사를 벗어나 사정이 괜찮은 회사나 공공기관의 홍보팀으로 옮기려고 한다.

왜 이렇게 돈이 없나. 언론사도 기업이다. 돈을 벌어야 월급을 줄 수 있다. 돈은 어디서 버나. 기사를 팔아서 구독료를 벌거나, 지면이나 인터넷에 광고를 실어서 광고료를 번다. 지하철에서 종이 신문을 보는 시대가 지나간 지도 이미 십수 년, 지역이든 중앙이든 구독료를 가지고 언론사가 먹고살기란 쉽지 않다. 결국 핵심은 광고료다. 그런데 지역 언론사에 광고를 줘야 할 지역 기업들도 갈수록 상황이 나빠지고 있다.

양식업·태양광 사업에 나서는 언론사들

집이 가난해서 입에 거미줄이 쳐질 지경인데, 「허생전」의 허생처럼 가만히 집에 들어앉아 글공부나 하고 있을 수는 없다. 각종 사회 문제에 고담준론을 나누며 신선처럼 노닐던 기자들도 속세로 뛰어들어 광고 영업에 나서야 한다. 칼끝을 겨누는 경우가 많은 '취재'와 손을 내밀어야 하는 '영업'은 정반대의 성격을 가진 행위다. 하지만 어떤 기자들은 취재를 무기로 활발한 영업 활동을 전개하곤 한다. 그냥 담당자와 술 마셔 주고 영업을 시도하는 것보다는 훨씬 효과적이다. 때로는 사내에서 기사를 잘 쓰는 것보다 광고를 잘 따내는 능력이 인정받기도 한다.

광고만으로는 부족하다. 각종 수익 사업에도 뛰어들 수밖에 없다. 어떤 지역 방송사는 수산물 양식업에 뛰어들기도 했다. 재생 에너지 바람을 타고 태양광 발전소를 만든 곳도 있고, 영화관을 운영하는 곳도 있다. 모기업이 건설사라면 아파트 분양도 가능하다. 지역 축제, 마라톤 대회 개최는 물론이고 여행 상품도 판다. 회사가 사업을 다각화하는 것은 경영상 좋은 일일 테다. 그러나 본업과 최소한의 연관 관계가 있어야 하지 않겠느냐는 생각이 든다. 명분이야 만들면 된다지만 언론사라는 곳이 워낙 특수한 업종이다 보니 어색하지 않을 수 없다.

최대 후원자, 지방자치단체

어찌 됐든 회사가 정정당당하게 돈 벌어서 기자들 월급 준다면 누가 뭐라고 하겠는가. 그러나 이 돈 버는 과정이 떳떳하지만은 않다. 지역 언론사가 수익을 올리는 데 표면적·이면적으로 큰 역할을 하는 주체가 지방자치단체(지자체)다. 광고를 줄 지역 기업이 씨가 마르고 있는 상황에서 지자체는 그야말로 가뭄에 단비다. 광역지자체가 일단 지역마다 있는 데다 기초지자체도 사정이 괜찮다. 웬만한 중견기업보다 탄탄하다. 홍보비와 광고비를 명목으로 집행할 예산 규모도 크다. 지역 언론사의 1년 매출에 해당할 정도다. 직접 지원이 아니더라도 지자체 사업을 통해 우회 지원하는 방법도 여러 가지다.

그렇게 지자체는 지역 언론의 최대 후원자이자 광고주로 자리 잡는다. 지자체가 언론의 공적 기능을 중시해서, 감시견으로서 두 눈을 똑바로 부릅뜨라고 재정적인 뒷받침을 해 주는 걸까? 누가 봐도 그렇지 않다. 대가가 있으니 비용을 지불하는 거다. 언론사의 '큰손'이 된 지자체는 내부 인사에까지 영향을 행사한다고도 알려져 있다. 그 정도의 영향력을 행사한다면, 지자체장에게 불리한 기사가 나올 경우 수월하게 대응할 수 있음은 말할 것도 없다. 지자체장이 언론사 사장에게 직접 전화를 거는 경우도 있다고 전해진다.

성역이 없다? 성역 없는 곳이 없다!

기자에게 '가오'가 있다고 한다면, 그것은 물불 가리지 않고 정의를 위해 뛰어다닌다는 이미지에서 나올 것이다. 그런데 이런 척박한 현실에서 과연 그런 취재가 가능할까? A군의 행정 문제를 취재하러 갔더니, 우리 회사의 중요한 행사에 후원하고 있는 지자체라고 한다면 신경이 쓰일 수밖에 없다. 지역 대기업 공장에서 일어난 산업재해 사고를 취재한다고 해도, 주요 광고주라는 사실을 머릿속에서 깨끗이 지워 버리기는 어렵다. 취재를 원천 봉쇄하거나 기사를 내지 못하게 하는 촌스러운 방식으로 언론 통제가 일어나지는 않을 것이다. 그보다는 기자의 자체 검열로, 데스크의 '마사지'로 기사의 톤이 약해질 개연성은 매우 크다. 자유롭게 쓸 수 있는 기사는 점점 사라진다. '성역이 없다'는 관용구는 '성역 없는 곳이 없다'는 말로 수정돼야 할지도 모른다.

이렇게 돈벌이가 힘들면 회사가 망하는 게 정상일 것이다. 그러나 생각보다 지역 언론사가 쉽게 문을 닫지는 않는다. 적자가 나더라도 언론사를 소유하는 게 사주에게 이득인 경우가 많기 때문이라는 분석이 힘을 얻는다. 언론사를 운영함으로써 무형의 문화 자본과 사회 자본을 쉽사리 획득할 수 있기 때문이다. 언론사를 갖고 있어야 사주가 지자체장과 쉽게 만날 수도 있고, 필요할 때 칼을 휘두를 수도 있다는 뜻이다.

철학자 칸트는 "자신과 타인을 언제나 목적으로 대우하고 수단으로 대하지 말라"고 말했다. 그러나 내 일이 나를 위한, 또는 더 크게는 사회를 위한 것이 아니라 사장님의 무언가를 위한 수단이라는 걸 자각할 때 자기 효능감은 급격히 떨어진다. 동기 부여의 박탈은 곧 취재력의 약화를 초래한다. 취재가 안 되는 상황에서 기자가 '가오'는 무슨 '가오'인가. 그런 상황에서도 '언론인'입네 하고 고개를 빳빳하게 들고 다니는 이들을 보면 내가 다 자괴감이 들고 괴롭다.

〈베테랑〉보다 〈부당거래〉인가

그러니 〈베테랑〉은 보기에는 시원해도 현실과는 거리가 멀다. "우리가 돈이 없지, 가오가 없냐!"가 아니라, "우리가 돈이 없어서 가오가 없습니다. 이해해 주세요"라는 문장이 더 어울릴 지경이다. 오히려 배우 황정민이 똑같이 경찰로 열연했지만, 악인을 처단하는 시원한 결말이 아니라 조폭·검사와 뒷거래하는 내용의 영화 〈부당거래〉(2010)가 언론계 현실에는 더 시사점을 주는 것 같다.

다시 내 친구 '가오'를 떠올린다. 그는 나름의 생존 방식으로 독특한 입지를 구축했지만, 얼마 안 가서 일진 그룹 내부의 분열에 휘말렸다. 뭔가를 계기로, 앞뒤 안 가리는 일진들의 눈에 밉보였나 보다. 야간 자율학습 때 교실 한가운데서 벌어진 '맞짱'이 결정적이었다. 덩치 큰 또 다른 일진 녀석이 '가오'를 말 그대로 늘씬하게 패버렸다. 얼마 지나지 않아 '가오'는 사라졌다. 전학을 갔는지 아예 자퇴했는지 기억이 나지는 않는다. 알맹이 없이 허세만 부리다가는 그런 꼴이 된다는 것, 특정 업계 종사자들은 기억할 필요가 있다.

자퇴했는지 기억이 나지는 않는다. 알맹이 없이 허세만 부리다가는 그런 꼴이 된다는 것, 특정 업계 종사자들은 기억할 필요가 있다.

3. 시골이 보는 지역: '하이퍼 로컬'의 재발견

어느 별에서 왔니?

"고향이 어디야?"

미국에서는 "Where are you from?"이라는 말이 조금은 무례하고 인종차별적으로 받아들여지기도 한다지만, 만나자마자 심층 호구조사를 실시하는 한국인의 특성에 비춰 보면 사회 상규를 벗어나는 질문은 아니다. 출신지에 관한 질문은 사적인 질문 가운데서도 가장 공적인 느낌이다. 날씨 얘기보다는 훨씬 더 자연스럽고 이야기를 풀어 나가기도 좋은 주제다. 특히 서울이나 경기도는 여러 지역에서 사람들이 모여드니 물어볼 법하기도 하다.

광주, 대전, 대구, 부산처럼 광역시 출신이라면 이 질문에 비교적 깔끔하게 답할 수 있다. 광역시는 아니어도 창원, 전주나 제주처럼 누구나 알 만한 곳이어도 마찬가지다. 인지도가 조금 떨어지는 시군 단위로 가면 답변하기가 약간은 껄끄러워진다. 나는 자랑스럽게 출신지를 말했는데 듣는 사람은 몰라서 '벙찔' 수 있기 때문이다. 부안, 영암, 금산, 증평, 영천, 영양, 영월……. 이런 지명을 놓고 지도에서 위치를 찍어 보라고 하면, 한두 곳은 몰라도 전부 다 맞힐 수 있는 사람은 거의 없을 거다. 상대방이 소싯적에 '사회과 부도'를 좀 펼쳐 봤을까, 속으로 생각하며 고민에 빠진다. 나, 어디 출신이라고 말해야 하나?

몇 년 전 남한에서 서울을 뺀 나머지 지역을 '시골'로 적고, 제주에는 '귤'을 그려 놓은 지도가 화제로 떠오른 적이 있다. 그 정도의 극단적인 인식은 아닐지라도 대부분은 '남도'와 '북도'를 잘 구별하지 못한다. 인구 5만이 넘지 않는 작은 행정구역은 아예 모르는 경우가 태반이다. 그게 뭐 크게 잘못됐다는 건 아니다. 일반적인 '지방'에 대한 인식이 그렇다는 얘기다. 비서울 사람들도 비슷하다. 나도 서울 구 위치나 대충 알지, 명일동, 개포동, 종암동…… 이런 동네는 어디 붙어 있는지 잘 모른다는 점에서 피차일반이다.

우리가 보는 동네는 조금 다르다

광역시 출신으로 서울에 한참 살며 지역에 대한 인식 체계가 이러함을 체득한 상황에서, 중소도시나 군 단위의 행정구역을 취재한 경험은 신선한 충격으로 다가왔다. 주민 상당수는 '시'나 '군' 단위가 아니라 최소 '읍면' 단위로 지역을 구분하는 일이 많았던 것이다. 출신지를 물어보면 기초자치단체 명칭이 아니라 읍면의 이름으로 답하는 식이다. 같은 강원도 철원군이라도 '철원'과 '김화'와 '갈말'이 다르다. 전남 고흥군이라면 '고흥'과 '녹동'과 '풍양'이 상이한 지역으로 인식된다. 마치 대구 달서구와 수성구가 다른 권역이고, 서울 강남구와 서초구가 별개의 지역이듯이 말이다.

상당수의 국민은 어디 있는지도 모르는 작은 지역을 저렇게까지 구분한다고? 처음에는 생경하고 낯선 데다 지나치다는 생각이 들었다. 동네 사정을 잘 모르는 상황에서 처음 듣는 읍면 이름마저 익히려니 머리가 아프기까지 했다.

그 지역에서 조금 더 시간을 보내며 여러 사람을 만나고 분위기를 익히다 보니 생각이 달라졌다. 잘못된 편견이었다. 농어촌 지역은 땅이 넓고 교통이 불편하다. 앞서 예로 든 철원군 면적은 889㎢, 고흥군은 807㎢다. 크기로만 따지만 605㎢에 '불과'한 서울특

별시보다 훨씬 형님인 셈이다. 이쪽 면에서 저쪽 읍으로 가려면 차를 타고도 길게는 한 시간까지 걸릴 수 있다. 이쯤 되면 도저히 같은 동네라고 보기 어렵다. 당연히 생활권역도, 특산물도, 지역의 특성도, 심지어는 '기질'도 다르다. 이렇게 개별적 특성이 있는 지역을 하나로 묶는 건 폭력적인 태도다. 강남, 잠실, 서초 출신에게 "아, 너희들은 서울 동남부 출신이구나?"라고 말하면 어이가 없지 않겠는가?

물론 이런 특성은 '소지역주의'라는 부정적인 형태로 나타나기도 한다. 작은 단위의 지역들이 각자의 몫을 주장하며 다투는 모습을 일컫는 말이다. 혐오 시설을 반대하는 '님비'(NIMBY), 지역 개발을 요구하는 '핌피'(PIMPY) 현상에서 자주 엿보인다. 특히 지자체장과 지방의회 선거 과정에서 소지역주의가 작동하며 심각한 갈등을 불러일으키고 후유증을 낳기도 한다.

'하이퍼 로컬'의 재발견

좋든 나쁘든 이건 그냥 로컬(local)이 아니라 '하이퍼 로컬'(hyper-local)이다. 행정구역 등에 따른 기존의 지역 구분 체계보다 더 자잘한 단위로 지역을 나누는 개념이다. 물론 지역 정체성이 한 가지 층위에만 머물러 있지는 않다. 고흥군민과 철원군민들도 스스로를 전남도민 또는 강원도민, 대한민국 국민으로 인식할 것이다. 그러나 깊은 곳에는 지리적·문화적·역사적으로 형성된, 동네에 대한 소속감이 있다. 평생 한 마을에만 머물렀고 아직도 '집성촌'을 이루고 있기도 한 어르신들은 이런 정서가 훨씬 더 강하다.

용어는 새로워도 이렇게 세밀한 지역성은 현대적이라기보다는 전통적이고 토속적인 특성으로 보인다. 원래부터 읍면 단위의 지역 정체성을 가진 이들에게는 마치 새로운 개념을 발견한 것처럼 구는 게 우스울 수도 있다. 그러나 '하이퍼 로컬'은 실제로 최근 들어 더 주목받고 있다. 가속화되는 세계화의 거울상으로 오히려 지역성에 대한 관심이 커지고 있기 때문이다. 모바일 네트워킹 기술의 발달로 누구나 자기 주변의 이야기를 널리 알리는 것이 가능해졌고, 이런 목소리를 손쉽게 들을 수 있는 통로도 많아졌다. '당근마켓' 같은 소셜 커머스 분야의 발흥 역시 '하이퍼 로컬'로 설명할 수 있다(김재영, 「초연결성은 어떻게 지역성과 만나나?: '당근마켓' 사례를 통한 탐색적 시론」, 『한국언론정보학보』, 108호, 2021). '당근'은 '당신의 근처'를 줄인 말이다. '당근마켓'은 단순한 중고 거래 플랫폼을 넘어 관계망을 형성하는 데 주력한다. 이 관계망은 아주 좁은 범위의 지역 커뮤니티를 대상으로 형성되기 때문에 강력하고 유의미하다.

저널리즘도 마찬가지다. '하이퍼 로컬'의 위력은 현업에서도 자주 체감된다. 애매하게 넓은 범위를 다루는 광역자치단체 단위의 기사에 비해 좁은 권역에 관한 소식이 더 관심 받는 사례를 종종 마주치기 때문이다. 이를테면 경남도지사와 부산광역시장이 만나 정책 협약을 맺었다는 뉴스보다, 경남 진주시의 시내버스 노선이 바뀌었다는 기사가 더 큰 관심을 받을 수도 있다. 전자는 내 삶에 직접 영향을 미치는 얘기라고 느끼기 어렵다. 그러나 후자는 피부에 확 와닿으니 귀가 쫑긋해진다. 데스크들이 언제나 강조하는 '생활 밀착형 뉴스'의 전제 조건은 사실 '하이퍼 로컬'일지도 모른다.

지역 안의 지역 차별

그런데 태생적으로 로컬을 지향하고 로컬에 복무하는 것이 사명일 수밖에 없는 지역 언론사들은 '하이퍼 로컬'을 뉴스에 잘 반영하고 있을까? 현실적인 여러 한계를 고려하더라도 단숨에 '그렇다'고 답변하기는 어렵다. 지역 언론사의 기사 생산과 유통 구조는 전통적인 행정구역 구분에 얽매이는 일이 많다. 물리적으로도 대부분 광역시 등 지역 중심지에 자리하고 있다. 시청이나 도청, 시의회나 도의회 기사는 차고 넘친다. 반면 광역시 인근의 시군은 기사의 양과 질이 확 떨어진다. 관급 보도자료를 받아서 내며 지면과 방송 시간을 메우는 수준이다. 중심지가 아닌 곳의 뉴스는 '시시하다'거나 '얘기가 안 된다'는 등의 평가를 받기도 한다. 언론 본연의 견제와 감시 기능이 작동하지 않을 수밖에 없다. 또는 자극적인 사건이나 사고가 발생했을 때만 관심이 집중되기도 한다. 지역 중심지에서 농어촌을 바라보는 시선은 마치 서울이 비서울을 대하는 태도와도 유사하다. 차별적이고 선택적이라는 얘기다.

지역 내에서도 소외된 지역의 주민들은 차별을 피부로 느낀다. 지역 방송 뉴스를 보면 기상캐스터가 날씨를 소개하는 코너가 있다. 개괄적인 날씨를 알린 다음, 지도를 보여 주며 지역별 최저·최고기온 정보를 전달한다. 그런데 이 지도에 일부 지역은 이름이 나오지 않곤 한다. 특정 지역을 배제하려는 의도는 아닐 테고, 여러 시군 이름을 다 쓰면 지도가 깔끔해 보이지 않아서일 것이다. 그러나 이걸 본 해당 지역민들은 뿔이 난다. 방송국으로 전화해 "왜 우리 동네는 이름이 빠졌소?" 하고 민원을 넣는다. 그런 걸로 전화까지 하느냐고 생각할 수 있다. 그러나 당사자는 기분이 나쁘다. 지역 안에서 일상적으로 벌어지는 또 다른 지역 차별을 고려한다면, 이건 사사건건 딴지를 걸려는 악성 민원이라기보다 차별에 대한 저항감으로 보는 게 맞을 것이다.

동네를 바꾼 '하이퍼 로컬'

이런 현실에서 인구 5만이 안 되는 충북 옥천군의 『옥천신문』은 특별한 존재다. 2002년 설립됐는데, 이름에서 알 수 있듯 옥천군을 기반으로 한 주간지다. 주마다 3,500부씩 찍어 1부당 2,500원을 받고 판다. 유료 구독자가 그만큼 된다는 거다. 신문은 '커뮤니티 저널리즘'을 지향한다. 황민호 『옥천신문』 대표는 『미디어오늘』과의 인터뷰에서 "커뮤니티 저널리즘은 지역사회에 밀착해서 지역주민 모두, 그리고 지역사회에서 벌어지는 모든 일을 보도하는 공동체 저널리즘"이라고 설명했다(장슬기, 『[황민호 옥천신문 대표 인터뷰 1] 종이신문 훔쳐 갔다 전화까지… 옥천신문이 만든 풍경』, 『미디어오늘』, 2021.11.27.). 사소해 보이지만 동네 사람들의 삶에 직접 영향을 주는 문제를 줄기차게 다뤘다. 누구든지 부르면 인터뷰하고, 얘기하면 들었다. 도서관을 만들었고 태양광 난개발을 막았고 해고

된 미화원의 복직을 도왔다. 20년간 축적된 노력은 지역사회를 바꿨고 군민들에게 믿음을 심어 줬다.

비슷한 문제의식에서 '하이퍼 로컬'을 지향하는 지역 언론의 시도가 이어지고 있다. 『부산일보』의 '산복빨래방' 기획이 대표적이다. 한국전쟁 때 부산에 모인 피란민들을 중심으로 형성된 낡은 산복도로에, 젊은 기자와 PD들이 무료 빨래방을 6개월 동안 열었다. 빨래방에 찾아오는 주민들의 입을 통해 마을에 켜켜이 쌓인 이야기가 전해졌다. 취재팀이 매주 올리는 기사와 영상은 곧 부산과 한국의 근현대사에 대한 기록이 됐다. 『경남신문』은 '지역소멸 극복 심부름센터' 프로젝트를 진행했다. 어르신들의 불편함을 대신 해결해 주면서 의료 격차와 교통 소외 등을 심도 있게 다뤘다.

모두 공동체의 문제를 해결하고 지역민의 자긍심을 높이는 '솔루션 저널리즘'을 실현하려는 시도다. 좁은 지역사회에 천착해 구석구석에 관심을 기울이고 있기에 가능한 일이다.

암울한 현실, 변화는 가능할까

『옥천신문』 등의 사례가 다른 지역에도 적용되는 하나의 모델이 될 수 있을까. 모든 언론사가 풀뿌리 언론사처럼 운영될 수는 없고, 수익 구조 등 지속 가능성도 담보하기 어렵지 않으냐는 반론도 클 것이다. 상당수의 언론사가 생존하느냐 마느냐의 기로에 내몰리고 있는 상황에서 한가하거나 사치스러운 소리 아니냐는 얘기도 할 수 있다. 지역 언론사들이 때로는 혹은 자주 지역 유지와 토호의 비호 세력으로 기능하고 있다는 데서 암울함은 더 커진다. 심지어 공영방송인 KBS의 지역 방송국은 늘어나기는커녕 수년째 축소가 추진되고 있다.

그럼에도 '높은 마음'을 떠올린다면, 현실이 더 나아지길 바란다면, 각자의 자리에서 노력하는 방법밖에는 없다. 변화의 출발은 마이클 잭슨이 노래했듯이 'Man in the mirror', 거울 앞에 선 기자 개개인에서부터 시작될 수밖에 없다. 지역 속에서도 더 소외된 곳의 이야기를 부지런히 길어 올려야 한다. 『옥천신문』 황 대표의 한마디를 떠올리며 다시 맘을 다잡는다. "지금의 미디어는 내가 사는 지역을 부정하고 배반하게 만든다. 지역에 대한 자긍심으로 지역에 살게 만들어야 한다."(장슬기, 「[황민호 옥천신문 대표 인터뷰 2] "먹방·스토킹 종편보다 지역정보 담는 방송했으면"」, 『미디어오늘』, 2021.11.27.)

4. 지역은 왜 과거사에 천착하는가

'취재'의 멋짐과 두려움

기자가 되고 한동안 '취재'라는 말이 멋지게 느껴졌다. 그래서 자주 썼다. 전화가 왔을 때 "취재 중이라서요" 하고 딱 끊으면 있어 보이지 않는가. 술자리에서 어떤 주제가 거론될 때도 '그거 예전에 취재해 봤는데~' 하며 '썰'을 풀어 본다. 뭔가 단독으로 보도하는 내용이라며 뽐내고 싶은 맘이 있다면 기사에 '취재 결과'라는 말을 꼭 넣어 줬다. 기사를 썼다는 건 당연히 특정 내용을 취재한 결과이니, 사족이 분명한데도 말이다.

취재라는 단어가 풍기는 특별하고 전문적인 느낌이 좋았던 것 같다. 경찰이나 검찰은 수사를 하고, 교수는 연구를 하는 것처럼 기자는 취재를 한다. 자료를 확인하고, 제보를 검증하고, 관계자를 만나 질문하는 등의 행위라는 점에서 취재는 수사 또는 연구와도 비슷한 성격이 있다. 그러나 '조사'나 '연구'보다는 훨씬 더 몸으로 부딪치며 모든 수단을 다 동원해 보는 느낌이다. '수사' 같은 강제력은 없다. 하지만 약초를 캐러 다니는 심마니처럼 되든 안 되든 현장에 가서 단서를 붙잡고 몸으로 비비적거리는 정도의 노력이 취재 행위에는 존재하는 듯하다.

경력이 조금 더 쌓인 지금은 종종 취재가 두렵다. 무엇보다 내 의사와 관계없이 타인의 내밀한 삶을 들여다보게 되는 것이 겁난다. 어떤 사안이든 기자는 제삼자일 수밖에 없다. 전후 사정을 이해하고 정확한 정보를 전달하려면, 육하원칙에 따라 사건의 개요를 확인하는 것만으로는 부족한 경우가 많다. 기사에 쓰지 않을 내용이더라도 맥락을 알고 상황을 판단하기 위해서는 취재원에게 끊임없이 묻고 답변을 들어야 한다.

그러다 보면 취재원의 사적인 영역을 침범하는 일이 자주 생긴다. 때로는 인생 전체에 걸친 서사를 모두 듣기도 한다. 제반 사정을 충실히 취재했다며 기뻐할 일일지도 모른다. 그러나 누군가의 인생을 통째로 건네받는 건 쉬운 일이 아니다. 내가 이 얘기를 들어도 되나. 알려도 무방한가. 또는 내가 이런 사연까지 알아야 하나.

이야기의 무게만큼이나 중압감과 부담감이 생긴다.

인생을 통째로 전달받는 '과거사 취재'

이런 느낌은 과거사 문제를 취재할 때 극에 달했다. 수십 년 전 발생한 일이 현재도 해결되지 않고 남은 이들에게 영향을 미칠 때 과거사는 취재의 대상이 된다. 주로 해방 전후, 정부 수립 시기, 한국전쟁, 유신 시절, 독재 시절 등을 배경으로 하는 사건들이다. 주요 취재원은 억울하게 세상을 떠난 이의 유족이다. 이들은 대다수가 인생의 황혼기에 접어든 고령이다. 비극에 '과거'라는 이름이 붙을 만큼의 시간이 흐른 탓이다.

연이 닿아 과거사 문제를 여럿 취재했다. 사람들은 그날을 어제처럼 기억하고 있었다. 묻지 않았는데 말이 술술 흘러나오기도 했다. 아마 수십, 수백, 수천 번 되감은 기억의 잔상들이 문장을 절로 만들어 내는 듯했다. 대화를 이어 가다 주름진 눈가에 고이는 눈물을 자주 목격했다. 그럴 때마다 그들 인생의 절반도 살지 않은 나는 당황할 수밖에 없었다. 아버지를 잃고 평생을 힘겹게 살아 낸 기억은 무엇으로도 보상될 수 없었다. 난리 통에 자식의 생사도 알지 못하게 된 부모의 얼굴에는 깊은 그늘이 져 있었다.

　이야기는 오랜 시간 계속되는 일이 많았다. 사건에 얽힌 용어와 맥락, 등장인물, 발단과 전개와 결말을 알기 위해서는 긴 시간 집중해 들어야 했다. 다 듣지도, 사용하지도 못할 몇 시간짜리 녹취 파일이 여러 개 만들어졌다. 슬픔이 너무 컸기에 섣불리 공감하려는 시도조차 하기 어려웠다. 그저 끄덕이고, 질문에 질문을 더하며, 이야기를 소화하느라 애썼다.

　취재가 끝나면 늘 입이 마르고 머리가 아팠다. 이들의 구술 생애사를 어떤 방식으로 전달해야 할까. 교차 검증은 어떻게 해야 하나. 비극적인 인생사를 들으면서도 기사 구성과 '야마'를 생각해야 했다. 기자랍시고 괜히 잊고 지내던 이야기를 끄집어내서 트라우마를 자극한 건 아닌가. 사건을 피상적으로만 알고 있는 후대인인 내가 기사를 쓸 자격이 있기는 한가. 여러 의문도 들었다.

　그런데도 취재를 멈출 수는 없었다. '감춰진 진실'은 고사하고 기본적인 사실관계도 규명되지 않은 과거사들이 많았다. 가해자들은 마땅히 해야 할 사과도 하지 않았다. 국가 차원의 조사가 이뤄져 해결 방안을 권고했는데도 이행되지 않곤 했다. 시간이 또 속절없이 흐르기 전에 이들의 목소리를 널리 알리는 것은 언론의 당연한 책무임에 틀림이 없었다.

과거사는 왜 지방에서 일어났을까

과거사 문제를 들여다보니 눈에 띄는 점이 있었다. 주로 지역 이름에서 명칭을 따온다는 것이었다. 대표적인 사건만 나열해 봐도 그렇다. 노근리 양민 학살 사건, 거창 양민 학살 사건, 대전 골령골 사건, 대구 10월 사건, 제주 4·3 사건, 여순(여수·순천) 사건, 부마(부산·마산) 항쟁……. 지역 기자가 봤을 때 한눈에 들어오는 공통점이 있다. 바로 서울이 아닌 전국 방방곡곡, '지방'의 이름이 붙어 있다는 점이다. 2005년부터 2010년까지 활동한 '제1기 진실·화해를위한과거사정리위원회(진실화해위원회)'가 규명한 사건들만 봐도 이런 경향성은 뚜렷하다. 규명 사건 461건 가운데 명칭에 '서울'이 붙은 사건은 3건뿐이다('진실화해위원회' 누리집 참고). 대부분은 비서울 지역의 이름을 땄다.

왜 억울한 일들이 서울이 아닌 곳에서 많이 일어났을까? 이런 관점에서 과거사 문제에 접근한 연구나 보도는 쉽게 찾아보기 힘들다. 그러나 몇 가지 추측은 가능할 것이다. 과거사라고 명명될 성도의 사건은 역사의 소용돌이가 급박하게 돌아갈 때 탄생한다. 쇠사슬은 가장 '약한 고리'부터 끊어진다는 '미니멈의 법칙'은 여기서도 적용된다. 억울한 일이 일어난 지역이야말로 약한 고리였다. 정치적 의도와 목적에 따라 희생양을 만들어야 할 때 시선은 그곳으로 향했다.

가장 '약한 고리'부터 끊어진다

1948년 10월 일어난 여순 사건이 대표적인 사례다. 오랫동안 '여순 반란 사건'이라고 불렸던 여순 사건은 여수에 주둔하던 국군 14연대에 남아 있던 좌익 세력이 제주 4·3 진압 명령을 거부하면서 시작됐고, 지역민이 여기에 호응하면서 확대됐다. 14연대의 봉기는 열흘도 되지 않아 진압됐다. 그러나 참혹한 역사는 진압 이후부터 시작되었다. 반군에 협조했다는 혐의만으로 수많은 민간인이 학살됐다. 학교 운동장에 마을 사람들을 모아 놓고, 손가락질로 부역자를 가리키는 '손가락 총'이 횡행했다. 외모로, 옷차림으로, 또 누군가의 개인적 감정으로 부역 여부가 결정됐다. 지리산 등지로 도주한 반군의 협조자를 색출한다는 명목으로 민간인 학살이 장기간 자행됐다. 혐의자의 가족을 대신 죽이는 일도 벌어졌다.

이렇게 잔인하게 남도를 짓밟은 이유가 있었다. 남한만의 단독 정부가 수립된 직후에 일어난 여순 사건은 신생 이승만 정부에

커다란 위협이었다. 이승만 정부는 체제를 뒤흔들었던 여순 사건을 오히려 기회로 삼으려 했다. 여수와 순천을 '빨갱이의 고장'으로 만들고, 그 '빨갱이'들을 강하게 짓밟아 체제의 우월성을 보여 주려 한 것이다. 실제로 이승만 정부는 여순 사건을 계기로 〈국가보안법〉을 제정해 '반공 국가'의 무기로 활용했다. 시인 김영랑과 소설가 정비석 같은 당대의 문인은 정부의 사주를 받아 여수와 순천을 악마화하는 문학 작품도 만들었다. 피로 물든 여수와 순천은 그렇게 반란의 땅이 됐다(김득중, 『'빨갱이'의 탄생: 여순 사건과 반공 국가의 형성』, 도서출판 선인, 2009).

지역의 과거사를 언론은 어떻게 다루는가

짓밟혔다는 건, 사실 들고일어났다는 뜻이기도 하다. 역사의 변곡점마다 '지방'이 회생양이 됐던 이유는, 역설적으로 부당한 상황이 벌어질 때마다 저항하고 항거했기 때문일 것이다. 1960년 4·19의 발단이 됐던 것은 한 달 전쯤 마산에서 일어난 대규모 부정 선거 시위, '3·15 마산 의거'였다. 유신과 신군부에 저항하며 우리나라 민주주의의 토대가 된 사건은 '서울역 회군' 따위가 아니라 부마 항쟁과 광주 민주화운동이라는 지역민들의 대규모 집회였다.

그러나 서울 중심의 언론 지형에서 지역의 수난 또는 항쟁은 깊이 있게 다뤄지지 않는다. 여러 이유가 있겠지만 '지방'에서 일어난 일들을 언론인이 '우리의 일'로 잘 인식하지 않기 때문일 것이다. 과거사를 다루더라도 이념 논쟁과 정치적 다툼의 재료로만 쓰이는 일이 많다. 기껏해야 대선 후보가 과거사에 대해 어떤 발언을 했다느니, 민주화운동을 상징하는 노래를 누가 부르고 부르지 않았다느니 정도의 수준이다.

지역 언론에 부여된 과거사 취재의 역할

그렇다면 과거사를 제대로 취재하는 역할은 그 지역민이 당사자이고 피해자인 지역 언론에 부여될 수밖에 없다. 이미 지역 언론은 그런 역할을 충실히 수행해 왔다. 제주 4·3 사건이 대표적이다. 4·3 사건은 이제 대통령이 기념식에 참석하는 것이 관례로 자리 잡았고, '셀럽'들도 기리는 역사가 됐다. 아직도 과제가 남아 있지만 모범적인 과거사 해결의 사례로 꼽힌다. 4·3 사건 해결에 가장 결정적인 역할을 한 건 한 지역 신문이었다. 『제민일보』는 1980년대 후반부터 '4·3은 말한다'라는 기획 보도를 연재했다. 1999년까지 10년이 넘는 세월에 걸쳐 6천 명을 인터뷰하고 수백 편의 기사를 써냈다. 어린아이까지 집단 학살된 '다랑쉬굴 사건'을 밝혀내기도 했다. 이후 2000년 〈제주4·3사건 진상규명 및 희생자 명예회복에 관한 특별법〉(약칭: 〈4·3사건법〉)이 제정되었고, 2003년에는 국가의 공식 진상 조사 보고서가 나왔다. 밑바탕에는 『제민일보』의 오랜 노력이 있었다(양조훈, 『4·3 그 진실을 찾아서』, 도서출판 선인, 2015).

그러니 지역 기자로서는 아무리 어렵더라도 과거사 취재를 멈출 수 없고, 멈춰서도 안 된다. 당사자들이 모두 사라지기 전에 하루빨리 그들의 증언을 받아 내야 한다. 아직도 어딘가에서 빛을 보기를 기다리는 자료를 발굴해 진상을 밝혀내야 한다. 가해자에게는 사과를 요구하고, 국가에는 해결을 촉구해야 한다. 그리고 이걸 기록으로 남겨야 한다. 사건이 일어난 날에만 제사를 지내듯 일회성 발생 아이템을 다루는 방식으로는 안 된다. 평생에 걸친 기획이라 생각하고 꾸준히 관심을 가져야 한다. 과거사 연구의 주요 사료 가운데 하나가 언론 기사다. 내가 쓴 기사가 후대에 연구 자료로 쓰일 수 있다고 생각하면 절대 허투루 할 수 없는 일이다.

3장 본질로 돌아가서

1. 기사 쓰기의 난감함에 대하여

잘하는 일 하랬더니……

지금은 평가가 엇갈리지만, 정치인이 아닌 성공한 기업가이자 교수이던 시절, 그러니까 2000년대 후반부터 2010년대 초반까지의 안철수는 명망과 영향력이 실로 대단했다. '꼰대'와는 거리가 멀어 보이는 '너드'스러운 태도. 달변은 아니어도 자신감과 확신이 넘치는 말투. 당시 인기가 높았던 〈무릎팍도사〉를 비롯한 여러 TV 프로그램에 출연하며 안철수의 인지도는 점점 높아졌다. 진로와 취업을 한창 고민하던 시기의 나는 청년들의 '구루'처럼 보이는 그의 말에 귀를 기울이지 않을 수 없었다. 주요 레퍼토리 가운데 하나는 하고 싶은 일과 잘할 수 있는 일은 다르다는 것이었다. 막연히 하고 싶다는 생각으로 진로를 고를 게 아니라, 여러 경험을 통해 자신이 잘하는 일이 뭔지 알고 거기에 집중해야 한다는 이야기였다.

기자라는 직업을 택하게 된 것도 쓰는 일에 어느 정도는 자신이 있었기 때문이다. 기자라는 게 기사를 쓰는 사람들 아닌가. 글깨나 쓴다고 하면 반은 먹고 들어가는 거 아닌가. 글쓰기라면 남들보다 뒤처지지는 않을 것 같은데. 아니, 밥 굶는 작가들이 한둘이 아닌 판에 글쓰기로 생계를 유지할 수 있다면 얼마나 행복한 일인가? 돌이켜 보면 이런 일차원적인 생각에서 꿈꾸게 된 진로였다. 실제로 언론사 입사 시험의 가장 큰 고비는 논술과 작문이다. 함께 시험을 준비했던 스터디원들도, 입사 동기들도 정도의 차이는 있더라도 글쓰기를 두려워하지 않는다는 공통점이 있었던 것 같다. 그래서 현업에 대해 큰 두려움은 없었다.

요리사가 아니라 농부였다니

아주 큰 착각이었다. 내가 그렇게 글을, 기사를 못 쓸 줄은 몰랐다. 기자라는 직업은 글쓰기에만 방점이 찍혀 있는 것이 결코 아니라는 사실도 뒤늦게야 알았다. 가장 난감했던 점은 한 문장 한 문장을 쓸 때마다 세상에 없던 이야기를 새로 써야 한다는 것이었다. 기자가 되기 전 썼던 글은 창조와 생산의 고통이 상대적으로 적었다. 독후감이나 서평, 입사 시험에 필요한 논술과 작문, 대학 리포트, 싸이월드 다이어리에 글을 끼적일 때 어디 경찰서나 구청이나 소방서에 전화를 돌려서 새로운 사건이 있는지 확인할 필요가 있었겠는가. 그저 적절히 인용하고 논리를 잘 연결하고, 이목을 끌 만한 적절한 이야깃거리 정도만 갖고 있으면 그만이었다. 비유하자면 요리사가 이미 잘 준비된 재료를 가지고 레시피에 따라 썰고 볶고 지지고 해서 그럭저럭 먹을 만한 요리를 만드는 것과 비슷할 것이다.

기사는 그렇지 않다. 이건 밭에 씨 뿌리고 물 대고 백날 고생해서 수확하는 농부와 비슷하다. 2차, 3차, 또는 n차의 가공자가 아니라 팩트의 1차 생산자라는 말이다. 현장에서 글감을 캐 와야 한다. 아직 세상에 나오지 않은 글감일수록 가치가 높다. 부지런히 땅을 갈고 밭을 일궈야 하는 이유다. 때로는 남들이 캐 온 글감을 보고 모방할 수도 있지만, 그런 건 유전자 조작 식품처럼 낮은 취급을 받을 뿐이다. 물론 칼럼을 쓰며 우아하게 요리 솜씨를 뽐낼 수도 있다. 그러나 아주 나중의 일이다. 일단 농부로 인정받아야 요리사가 되는 길이 열리든 말든 한다. 아, 요리사 지원 공고인 줄 알았는데 사실은 농부 모집이었다니. 안철수를 탓할 수도 없고, 농사 일에 익숙해지는 수밖에 없다.

전지적 작가 시점은 불가능하다

그렇게 새로운 팩트를 찾으며 기사를 써 가는 데 조금씩 익숙해질 무렵, 또 다른 시련이 찾아왔다. 도대체 '사실'이 뭐냐는 의문이었다. 기자는 결국 제3의 관찰자에 지나지 않는다. 결코 당사자가 될 수는 없다. 신이 아닌 이상 '전지적 작가 시점'이라는 건 소설에서만 가능한 일이다.

한번은 경찰서에서 노닥거리다 살인 사건이 났다는 무전을 엿듣고 경찰 차량과 함께 뛰쳐나간 적이 있었다. 강력팀 형사들과 거의 동시에 사건이 발생한 지점에 도착했는데, 보이는 건 승용차 안에 있는 흥건한 피뿐이었다. 운 좋게 일찍 갔지만 "현장에서 피가 발견됐다"라고 기사를 쓸 수는 없는 노릇이다. 신고자를 찾고, 목격자에게 묻고, 사건을 배당받은 형사에게 묻고, 119 상황실에 전화를 돌리고 나서야 겨우 "50대 남성이 40대 여성을 흉기로 찔러 여성이 숨졌다"는 리드 문장으로 스트레이트 기사를 쓸 형편이 된다. 그런데 내가 취재한 게 과연 사실인가? 피해자와 가해자가 뒤바뀌었다면? 흉기가 아니라면? 나이가 틀렸다면? 숨진 줄 알았는데, 사망한 게 아니라면?

사실 확인의 어려움에 관해 공감할 만한 일화가 미국 방송사 HBO의 드라마 〈뉴스룸〉(2012~2014)에 등장한다. 어느 날, 미국 하원의원과 보좌관들이 총격당하는 사건이 발생한다. 타사에서는 하원의원이 사망했다고 보도한다. 비보를 타전하는 매체가 늘어난다. 그러나 병원에서도, 다른 기관에서도 사망 사실은 확인되지 않는다. 시청률이 빠지는 걸 우려한 경영진은 빨리 사망 속보를 내보내지 않고 뭐 하느냐고 제작진을 채근한다. 제작진은 "사망 선고는 의사가 하는 거지, 뉴스가 하는 게 아니다"라고 버틴다. 그러던 도중 하원의원이 실은 수술 준비 중이라는 사실이 확인된다. 결국 의원은 죽지 않았다. 제작진의 승리다. 드라마는 힐링 음악으로 유명한 콜드플레이의 〈Fix You〉(2005)를 배경에 깔며 감동을 극대화한다.

그러나 현업 실무자의 시선으로 보면 진땀이 흐르는 장면이다. 오보를 낸 다른 매체들의 처지가 상상되기 때문이다. 일부 매체는 그냥 타사에 나온 내용을 베꼈을 수도 있지만, 최소한 사망 사실을 최초 보도한 매체는 현장 주변인이 말했든 병원 관계자가 말했든 뭔가 근거가 있었을 것이다. 나름대로 취재해 보도했는데 완벽한 오보였다니. 삶과 죽음은 회색 지대가 존재할 수 없는 영역이다. 이런 OX 퀴즈에서도 팩트 체크는 결코 쉬운 일이 아니다.

하물며 이해 당사자가 여럿 얽힌 복잡한 사안인 경우에야 어떻겠는가. 분명 양방이 같은 일을 경험했는데도 180도 다른 얘기를 한다. 거짓말과 억측을 헤매며 진짜를 걸러 내야 한다. 정보는 제한돼 있지만 독자들은 그야말로 '전지적 작가 시점'의 정확도를 요구한다. 애초에 도달할 수 없는 목표다. 이런 과정을 거치다 보면 '글쓰기에 자신이 있다'는 처음의 패기는 절로 사그라든다.

'야마'의 함정

마치 농부 같은 기자의 일. 매번 풍작이 드는 것도 아니다. 때로는 말도 안 되는 실수를 한다. 그래도 시간이 흐르면 어찌어찌 일이 손에 익는다. 차가운 현실의 벽에 납작하게 눌렸던 자신감도 약간은 회복된다. 슬슬 노트북 키보드를 두드리는 손길에 힘이 붙는다. 자동차 뒷유리에 붙였던 초보운전 딱지를 떼는 느낌이다. 직접

도로주행 연수를 시켜 주셨던 아버지는 말씀하셨다. "운전 좀 하는 것처럼 느껴질 때를 조심해라." 꼭 그럴 때 사고가 난다는 경고였다.

겨울철 도로에서 눈에 보이지 않는 살얼음, 이른바 '블랙 아이스' 지대에서 교통사고가 자주 나는 것처럼, 기자들이 사고를 자주 내는 대목도 존재한다. 기사의 주제, 논조 등을 의미하는 '야마'를 지나치게 강조하려고 할 때다. 물론 기사가 중립적인 지대에서 객관적인 사실을 전달하는 기능만 하는 것은 아니다. 언론학 교과서에 나오는 '감시견' 노릇은 당연히 중요하다. 정치와 행정과 사법기관이 제 역할을 하는지 눈에 불을 켜고 보는 언론의 역할은 민주주의를 유지하는 중요한 요소이기도 하다. 누가 봐도 잘못된 것은 조목조목 지적해 줘야 한다. 그러기 위해 '야마'가 필요하다. 기사 제목과 리드 문장을 통해 메시지가 선명하게 집약된다면 금상첨화일 것이다.

문제는 확실한 주제를 전달하는 데 지나치게 몰두한다는 거디. 선과 악은 늘 상대적이다. 칼로 무 자르듯 나눌 수 있는 일은 많지 않다. 게다가 얻을 수 있는 정보마저 제한적이다. 그런 상태에서 '야마'를 잡으려고 하다 보면 사안을 왜곡하기 매우 쉽다. 논지를 강화하는 데 도움이 되는 정보는 취하고, 해가 되는 정보는 버린다. 논조에 따라 같은 사안도 다른 방식으로 비틀어 본다. 하나의 소실

점으로 시선이 모이듯, '야마'를 선명하게 하는 데 기사의 모든 요소가 사용된다.

심지어 사소해 보이는 조사마저 그렇다. 기사에서 정말 자주 쓰이는 조사가 '-도'이다. 기사 하나에도 여러 번 쓰고, 심지어는 한 문장에 두 번씩 쓰기도 한다. 바로 직전 문장처럼 말이다. '~라는 전망도 나온다', '~하는 상황에 놓일 수도 있다', '~하는 사람들도 적지 않다'고 쓰는 식이다. 기사의 야마를 강화하는 근거를 열거하거나 멘트를 붙일 때마다 '-도'를 사용하기 때문이다. 한정의 의미를 가진 조사 '-만'도 눈에 띈다. 이 조사는 주로 숫자 앞에 튀어나온다. '피해액만 1200억 원', '횡령액만 수십억 원' 등의 표현을 쉽게 볼 수 있다. 그런데 생각해 보면 사실 '-만'을 붙일 이유는 별로 없다. 액수를 한정함으로써, 금전적인 것 외에 다른 요소도 존재한다는 뉘앙스를 전달해 주는 장치다.

이러다 보면 이야기는 매끄러워지고 맛깔이 난다. 그러나 진실과는 멀어질 위험이 점점 커진다. 기자들이 기사를 지나치게 단순화하는 데는 특정한 정치적 목적 같은 의도가 있어서일 수도 있다. 그러나 기사 작성의 문법과 관습을 따르며, 그럴듯한 기사를 만들려다 보니 '야마'에 함몰되는 사례를 더 자주 목격한다. 평소 삼각형이 익숙하다는 이유로, 실제로는 17각형인 진실을 자르고 다듬어 세모로 만든 뒤 내다 파는 것이다.

그러니 제대로 기사를 쓰려면 "이거 야마가 대체 뭐야?"라고 묻던 선배들이 하던 대로, 하라는 대로 해서도 안 된다. 기사를 멋있게 써 보려는 내면의 욕구가 신성한 팩트를 비틀고 있지는 않은지 끊임없이 자문해야 한다. 세상에 없는 얘기를, 무오류성을 충족하면시, 최대한 진실에 가깝게 전달해야 한다고? 이게 완벽히 되는 사람이 과연 있을까? 완벽한 기사란 존재할까? '잘하는 걸 하다 보면 그 일을 좋아하게 된다'는 얘기를 했던 안철수는 대답해 줄 수 있을까?

2. 어제나 오늘이나 영원토록 동일하시니

비밀 취재 노트의 전설

업계에서도 널리 쓰이는 말은 아닌 것 같지만 '풍물 아이템'이라고 불리는 종류의 기사들이 있다. 제철을 맞은 딸기를 수확하거나, 갈치잡이 어선들이 불야성을 이루고 밤낚시를 하는 현장을 보여 주는 등의 내용이 대표적이다. 단풍이 물들거나 겨울철 명산에 눈꽃이 핀 자태도 풍물 기사의 좋은 소재다. 그게 잘못됐다는 건 아니다. 매번 눈살이 찌푸려지는 꼴불견 작태, 또는 공분을 자아내는 범죄 이야기만 기사에서 보라는 법은 없다. 쉽게 체험하기 힘든 농사일이나 뱃일하는 모습을 다루는 것도 기사 가치가 충분할 수 있다. 아름다운 자연을 배경으로 한다면 금상첨화다. 일단 풍경 보는 맛이 있으니, 도시인들에게는 '소구력'이 꽤 있는 뉴스의 하위 장르이기도 하다.

이 풍물 기사에 얽힌 전설 같은 이야기를 들은 적이 있다. 뉴스 접근성이 지금처럼 높지 않고 TV나 신문만이 세상을 보는 창이었던 시절일 것이다. 아마도 내가 취학하기도 전에 퇴직했을 연차의 어떤 선배에게는 '비밀 취재 노트'가 있었다고 한다. 노트는 1월부터 12월까지가 적힌 일종의 다이어리 형태였다고 전해진다. 각 월과 각 주에는 계절에 맞는 제철 농수산물, 또는 관광 명소 따위를 요약한 내용과 핵심 취재 포스트, 취재원 연락처가 깨알같이 적혀 있었단다. 마치 책장을 찢으면 마법이 발동되는 신비한 책처럼, 비장의 아이템이 풍성하게 담긴 취재 노트였다. 진짜 비밀은 취재 노트를 운용하는 방법에 있었다. 올해 1월부터 12월까지 한 바퀴 돌고, 내년에도 거의 비슷한 루틴으로 한 바퀴 더 돈다는 것이었다. 이거야말로 언론계의 '무안단물'(무안만민교회 목사 이재록이 바닷물을 담수로 바꾸는 기적을 일으켜 만들었다고 주장한 물. 교회 측은 성수처럼 치료 효과가 있다고 주장했지만, 이 물은 '식용 부적합' 판정을 받았다)이 아닌가? 늘 아이템 찾는 괴로움에 시달리는 기자들이 '기사만 안 쓰면 참 좋은 직업'이라고 자조하듯 말하는데, 이런 숙명적인 고민을 단박에 해결해 주는 '궁극템'(궁극의 아이템)이 아닌가?

아쉽지만, 아니다. 실은 그 얘기를 듣고 어이가 없었다. 비밀 취재 노트의 전설은 반어적으로 정말 '좋은 시절'의 이야기였을 뿐이다. 어쩌다 한 번 마음이 편안해지는 현장을 보여 주는 거면 괜찮다. 그런데 자기가 취재한 내용을, 혹은 과거부터 뭇 기자들이 보도해 온 내용을, 계속 답습하는 건 전혀 괜찮지 않다. 장관 청문회에 나온 교수들이 본인의 논문을 복제해서 다른 학술지에 올리는 행위는 목에 핏대를 올리며 지적하면서, 정작 기자들이 자기 표절을 반복한다고? 기사 가치가 없을뿐더러 직업윤리에도 매우 어긋나는 행위다.

어디서 많이 봤는데……

그 정도는 아니더라도 내용과 형식 면에서 유사한 기사가 반복되는 현상은 쉽게 찾아볼 수 있다. 당장 기사의 표제를 봐도 그렇다. 어디선가 본 듯한 제목이 대다수다. '여야가 대치'하면 '정국이 급랭'한다. 어디론가 향하는 검찰 수사는 늘 '칼끝'을 갖고 있다. 구속영장 심사를 앞두고는 '구속 갈림길'이 불현듯 나타나고, 영장이 발부되면 수사는 '탄력'을 받는다. 태풍이 오면 먼저 '부서지고 찢기고', 곧이어 '생채기'를 입는다. 자동 완성되는 속보(續報) 제목은 '복구 구슬땀'이다. 명절이라고 다른가. 늘 '오늘은 한가위'로 시작해 '아쉬운 귀경길'로 끝난다. 수십 년 전부터 썼는데 아직도 기자들이 떠받드는 말들이다. "그리스도는 어제나 오늘이나 영원토록 동일하시니"라는 성경 구절처럼, 기사 제목은 정해진 단어장을 신봉하듯 늘 그 자리를 맴돈다. 상투적인 표현이라는 말 자체도 상투적이지만, 그렇게 부를 수밖에 없는 말들이다.

제목만이 아니다. 문장과 표현 단위에서도 기시감이 엄습한다. 가끔 금은방 절도 사건을 다룬 기사가 보도된다. 이런 기사에서 단골로 쓰이는 표현은 '1분 만에 금은방 턴 10대들'이라는 식의 문장이다. 마치 얼마나 짧은 시간 안에 절도 행각을 벌였느냐가 관심사인 것 같다. 그런데 절도범의 처지에서 생각해 보자. 금은방을 터는 속도는 빠르면 빠를수록 좋다. 20분, 30분 걸려서 느긋하게 금은방을 털어 가는 절도범은 없다. 범행 시간은 끽해야 분 단위를 넘어가지 않는다. 단시간에 범행을 저질렀다는 팩트는 어찌 보면 당연한 얘기인 셈이다.

몇 초, 몇 분 만에 범행이 끝났다는 내용을 취재해 쓸 때, 어떤 기자는 범인이 그만큼 치밀하게 계획했고 죄질이 나쁘다는 점을 강조하고 싶었을 수도 있다. 그러나 상당수의 기자는 그 정도의 고민조차 하지 않았을 가능성이 크다. '금은방 절도 기사는 원래 저렇게 쓰지' 하거나, '아, 타사 보도에 이 내용이 들어갔네. 놓치지 말아야지' 혹은 '데스크가 이거 물어보네, 일단 넣어야겠다'라며 쓰지는 않았을까? 경험칙에 근거해 보면 그럴 개연성도 충분하다.

기사의 내용 면에서도 '데자뷔'가 엿보인다. 기사를 하나의 이야기라고 가정해 보자. 등장인물은 이야기의 핵심 요소다. 그런데 이 등장인물의 성격이 마치 고전소설에서처럼 매우 정형화돼 있다. 고향 어르신들은 늘 푸근하고 정이 많아야 한다. 휴일 나들이를 나온 가족은 4인 구성에 단란함을 온몸으로 물씬 풍겨야 한다. 장애인들은 역경을 이겨 내야 한다. 끔찍한 사건의 피해자들은 어떤가. 그들은 간곡히 진상 규명을 호소해야 한다. 그들의 인생에 즐거운 일이란 있어선 안 된다. 산산이 조각난 채로 삶을 이어 가야 한다.

오랜 시간 굳어진 관습은 기자 개개인만이 아니라 언론계 전체의 '컨센서스'처럼 작동한다. 인명 피해가 상당수 발생한 사건 사고가 났다고 해 보자. 약속한 것도 아닌데 발생 현장 → 구조 속보 → 제도적 허점 → 대안 제시의 순서에 따라 기사가 순차적으로 작성된다. 조금의 변주는 있으되 큰 틀에서는 늘 반복되는 흐름이다. 능숙한 데스크들은 대형 사건이 발생했다는 얘기를 듣자마자 제목 몇 개를 순식간에 뽑아낼 수 있다. 언론사별로 내용과 표현이 크게 다르지도 않다. 바둑 정석이 정해진 수순을 따르듯, 정답이 존재하는 기사의 흐름이다.

어쩔 수 없는 일인가

물론 세상만사는 돌고 돈다. 오늘 일어난 일은 사실 잘 찾아보면 1년 전에도, 10년 전에도 수두룩하게 벌어졌던 사건의 재판(再版)이다. 처음에는 남의 기사를 모방하다 자기 것으로 소화하고, 그다음엔 내 기사를 스스로 복제하게 된다. 고백건대 앞서 지적한 '무지성 반복'과 '자기 표절'의 문제는 내가 쓴 기사에도 많이 담겨 있을 것이다.

틀에 박힌 기사가 무조건 나쁜 것만은 아니라는 변명을 해 봄직하다. 아니, 내용물이 거의 비슷한데 용빼는 재주가 있더라도 뭐 얼마나 참신하게 포장을 할 수 있겠느냐는 말이다. 때로는 상투적인 표현이 가독성을 높여 주기도 한다. 장기간 확립된 관습적 표현이 의미 전달을 명확하게 해 준다는 거다. '복마전', '진면목', '덜미' 같은 표현들이 그렇다. 기사가 아닌 다른 맥락이나 일상생활 속에서는 널리 쓰이지 않는 말인데도 듣자마자 어떤 상황인지 단박에 포착된다.

급박하게 돌아가는 제작 현장의 이야기도 꺼내지 않을 수가 없다. 기사 송고는 말 그대로 촌각을 다툰다. 급하면 몸이 익힌 습관대로 움직이기 마련이다. 수습기자 시절부터 반복 훈련하다 보면, 자다가 깨도 사건 기사는 줄줄 나온다. 사건 발생 장소와 시각, 피의자의 혐의, 죄명, 진술 내용, 사건 경위, 피해자의 생사와 상태, 구속영장 신청 여부 등을 파악해 번개같이 기사를 쓴다. 시간이 많다면 다른 내용도 꼼꼼하게 확인해 보겠지만, 그렇지 않은 경우가 대다수다. 일단 머릿속 예시 기사에다 괄호만 채우고 기사를 써서 날린다. 확실히 효율적이고 신속하게 기사를 생산하는 방식이기는 하다.

진짜 문제는 습관에 생각이 갇혀 버린다는 데 있다. 좌파-우파 프레임, 진보-보수 프레임이 있다고 하지만, 관습적 표현이야말로 무엇보다 힘이 센 프레임이다. 미리 틀을 잡아 놓고 모든 사안을 거기에 맞춘다. '논란'이라는 단어가 적합하지 않은 상황에서도 익숙하니 그냥 갖다 쓴다. 때로는 '내가 취재해 봐서 아는데'라는 선입견에 빠져 으레 그런 상황이겠거니 하며 지레짐작한다. 갈등과 분쟁은 있으되 답은 없는 문제인데도 '대안 제시'가 기사 '와꾸'에 필요하다는 이유로 불필요하고 무의미한 대안을 내놓는다.

마치 철 침대를 마련해 놓고, 침대보다 키가 크면 잘라 죽이고 작으면 늘려 죽였다는 '프로크루스테스의 침대'가 연상된다. 관습의 틀에서 벗어나는 팩트가 등장한다면 잠깐은 신경이 쏠릴 수 있다. 또 훌륭한 기자라면 그 편린을 멋진 기사로 만들 수 있을 테다. 그러나 대부분은 이미 정해 놓은 템플릿을 따르는 게 안정적인 길이라고 판단한다. 그렇게 '사실'은 취사선택되고, '진실'은 온전히 전달되지 않는다. 세상을 보는 창이라는 언론의 기능을 충실히 수행하지 못하는 셈이다.

씁쓸한 '파문 놀이'

아주 오래전, 2000년대 초중반 인터넷 커뮤니티에 유행하던 '파문 놀이'라는 게 있다. 황당한 문장을 써 놓고 뒤에 '파문'이라고 붙이는 언어유희다. '상동원 "못생겼다" 파문', '강호동 "오늘부터 고기 끊겠다" 파문'이라고 하는 식이다. 파생형으로는 '훈훈한 감동 놀이'가 있다. '한국 축구 선수들, 자책골 넣은 일본 선수에게 꽃다발 전달…… 훈훈한 감동' 정도면 훌륭한 예문일 것이다. 아직도 남아 있는 과거의 게시물을 찾아보면 수많은 이들이 파문 놀이에

동참하는 광경을 되돌아볼 수 있다. 웃기기는 하지만 업계 종사자로서는 씁쓸한 마음이다. 기자들이 얼마나 되지도 않는 상황에서 '파문', '훈훈한 감동' 같은 표현을 써 댔으면 이게 하나의 놀이로 자리 잡았을까. 그렇게 조롱당했는데 같은 표현을 남발하는 기사를 아직도 찾아볼 수 있다는 게 더 슬프다.

기사는 분명히 손으로 쓴다. 그러나 수공예품처럼 생각되지는 않는다. 오히려 공장에서 대량 생산하는 기성품에 더 가깝다는 느낌이다. 품질이라도 일정하게 관리되는 대기업 제품이면 나을 테지만, 그렇지 않은 제품들이 더 많아 보인다. 비슷비슷한 내용을 비슷비슷하게 표현하는 기사들. '내가 써도 저거보다는 더 잘 쓰겠다'는 기사들. 기자나 '사이버 렉카'나, 그게 그거라고 취급받는 이유 가운데 하나다. '기레기' 처지에서 벗어나기 위해 기자들이 가장 먼저 해야 할 일은, 어쩌면 어제 쓴 기사를 답습하지 않는 것일지도 모른다.

3. 마춤뻡 틀리면 외않되?

동일시의 괴로움

나는 글이 아니다. 글도 내가 아니다. 손수 써낸 문장이라도 종이에 옮겨지고 나면 저만의 생명을 갖는다. 글이 지닌 내적 논리와 외적 맥락에 의해서 판단되고 평가받는다. 그러니 글과 나를 동일시할 필요는 없다. 머리로는 아는데, 그게 좀처럼 안 된다. 어릴 적부터 내 글이 칭찬받으면 내가 높아진 것 같은 기분이 들었다. 가차 없이 첨삭을 당할 때는 존재를 부정당하는 느낌까지도 들었다. 스스로 생각하기에는 멋진 글을 써냈는데도, 좋은 평가를 못 받으면 울적하다. 세상으로부터 인정받지 못하는 기분이다. 1100년 전 최치원의 시구가 떠오른다. "쓸쓸한 가을바람에 괴로워 읊조린다.

이 세상 뉘라서 내 마음을 알아주리."(「추야우중」 중) 최치원은 당대 최고 선진국인 당나라에서도 문장가로 이름을 떨쳤다. 신라 따위가 자신을 알아주지 않으니 화가 날 수밖에 없었을 것이다.

나는 최치원도 아니다. 글이 좋은 평가를 못 받는다고 그렇게까지 슬퍼할 필요는 없다. 첫째, 내 글은 그 정도의 수준이 아니다. 둘째, 내 글이 '까인' 거지, 내가 까인 건 아니다. 그런데도 글이 비판과 비난에 직면할 때는 여전히 맘이 문드러진다. 반대로 조금이라도 주목받으면 속으로 깨춤을 춘다. 이런 습성은 기자가 된 뒤 더 심해졌다. 글로 평가받고 지적받고 칭찬받는 직업을 선택했으니 누굴 탓할 수도 없다.

빨리냐, 일찍이냐

같은 지적이라도 더 뼈아픈 것이 있다. 가장 견디기 힘들 때는 기본이 틀려먹었음을 알게 되는 상황이다. 모름지기 기본은 단순한 부분에서 시작한다. 수습을 떼고 얼마 되지 않았을 때 어떤 기사에 '빨리 도착했다'라고 쓴 적이 있다. 데스크는 점잖았다. 아무 말 없이 기사를 고친 뒤 나를 불렀다. 그러고는 가만히 그 문장을 가리켰다. 뭐지. 뭐가 틀린 건가. 눈만 말똥거리는 내게 데스크는 차분히 말했다. "'빨리'가 맞냐, '일찍'이 맞냐?" 듣고 보니 '일찍'이 훨씬 자연스러웠다. 정한 시간보다 이르게 도착했다는 의미의 문장이기 때문이다. '빨리'는 '빨리 걷다, 빨리 결정하다'처럼 걸리는 시간이 짧다는 의미가 강하다. '빨리'에도 '일찍'의 의미가 있어서 아예 쓸 수 없는 문장은 아니다. 그렇다고 해두 중의적으로 해석될 수 있으니 '일찍'보다 더 좋은 표현이라고 하기는 어렵다.

'때문에'라는 표현도 그렇다. 평소 기사에서 많이 본 것 같기에, 나도 한 번 써 봤다. 'A씨의 행적은 여러 면에서 수상하다. 때문에 경찰은 A씨를 피의자 신분으로 입건해 조사하고 있다'라는 식이다. '빨리'와 '일찍'의 차이를 알려 준 데스크는, 이번에는 약간 짜증을 냈다. 이건 완전히 틀린 표현이었다. '때문'은 의존명사라 혼자 쓰일 수 없다. '이 때문에' '그 때문에'라고 쓰는 것이 올바르다.

주어는 없습니다, 기부는 밀렸습니다

돌이켜 생각해 보면, 기자 일을 처음 알려 준 데스크는 정말 기본에 충실한 선배였다. 그 선배에게 많이 배웠지만, 아직도 내 문장은 완벽하지 않을 것이다. 이 글에도 엉터리 문장이 꽤 많이 보일지도 모른다. 문제는 나만 그런 게 아니라는 사실이다. 기본이 안 된 기사는 여기저기서 발견된다. 기사문에서 정말 많이 쓰이는 '전망'이라는 표현이 그렇다. 많은 기자가 '소비 한파가 이어질 전망이다'라는 식의 문장을 사용한다. 이 문장에는 어떤 정치인의 명언처럼 주어가 없다. 기자가 전망하는 건지, 전문가들이 예상하는 건지 알 수가 없다. 따라서 '소비 한파가 이어질 것으로 전망된다'라고 쓰거나, '경제 전문가들은 소비 한파가 이어질 것으로 전망한다'라고 적는 것이 맞는다. '지적이다'라는 표현도 마찬가지로 잘못 쓰이는 사례가 많았지만, 문제라고 여러 차례 '지적'되다 보니 최근에는 자주 쓰이지 않는 듯하다.

아예 잘못된 어휘를 쓰는 일도 있다. '기부채납'이라는 용어가 있다. 주로 민간 사업자가 시설물을 만든 뒤 국가에 이전해서 소유권을 넘기는 것을 말한다. 아파트를 지은 건설사는 진입로를 기부채납한다. 민간 투자사들은 고속도로나 지하철 같은 사회 간접 자본을 지은 뒤 소유권을 기부채납하고, 운영을 맡아 수익을 낸다. 그런데 용어를 혼동해서 '기부체납'이라고 쓰는 경우가 있다. 어딘가에 기부금을 내려는데 기한을 지키지 못했다는 뜻이 돼 버렸다. 기자가 일단 잘못 썼을 테고, 기사를 승인한 데스크도 이걸 걸러 내지 못한 거다.

목을 죄어 오는 명사 나열

틀린 표현이 쓰인 기사가 불량품이라면, 어색한 표현이 쓰인 기사는 마감 처리가 완벽하지 못한 저품질 물건에 빗댈 수 있다. 기사에서 많이 보이는 형태가 명사를 죽 늘어놓은 것이다. '첨단 시스템 구축 시도에 나선 기업 및 관련 연구 기관'이라고 쓰는 식이다. 무슨 뜻인지는 알겠는데 읽으려니 숨이 막힌다. 우리말에는 두 음절짜리 단어가 많은데, 이걸 계속 나열하면 문장 모양도 이상해진다. '관계 기관 회의 결과 대책 마련 추진 합의'라는 예문을 보자. 이건 기차놀이도 징검다리도 아니고, 정말 아름답지 못한 모습이다.

기사를 쓰다 보면 명사를 나열해야 할 때가 있기는 하다. 쓸 수 있는 분량이 한정된 만큼 풀어 쓰기보다 압축해서 쓰기를 선호하기 때문이다. 각 기관의 보도자료에 명사를 나열하는 일이 많아서, 이를 인용한 기사에서도 비슷한 현상이 자주 보이는 것 같기도 하다. 그러나 핑계를 댈 수는 없다. 공무원들이 딱딱하게 썼으면 기자는 풀어서 쓰고 설명해야 할 책무가 있다.

띄어쓰기는 천덕꾸러기 취급

맞춤법의 '끝판왕'이라고도 불리는 띄어쓰기 얘기도 안 할 수가 없다. 기자들은 글로 먹고사는 사람들치고는 이상하리만치 띄어쓰기 규정을 잘 지키지 않는 것 같다. 표제나 중간 제목의 글자 수가 길다 싶을 때 가장 먼저 희생되는 것이 띄어쓰기다. 앞서 얘기한, 명사를 나열하는 습관에 띄어쓰기 무시 관행이 더해지면 '혼종'이 탄생한다. '대책마련', '특별교통대책', '결과발표' 같은 건 양반이다. 상투적인 표현을 너무 자주 써서 입에 붙은 나머지, 단어 사이의 간격을 붙여 버리는 일도 있다. '이때문에', '경찰조사결과' 같은 사례도 보았다.

특히 의존명사 또는 어미로 사용되는 '지'의 띄어쓰기는 제대로 쓰여 있을 확률이 그다지 높지 않다. '경찰은 A씨가 다른 금은방에서도 귀금속을 훔쳤는 지 조사하고 있다.' 여기서 '지'는 '~인지 아닌지', 즉 의문을 나타내는 어미이므로 붙여 써야 한다. '2002년 한일 월드컵이 열린지 20년 만이다.' 이 문장에서의 '지'는 시간이 얼마나 지났는가를 나타내는 의존명사여서 띄어 써야 한다.

물론 띄어쓰기가 참 어려운 건 사실이다. 규정이 모호한 면도 있다. 오죽하면 국립국어원장도 띄어쓰기가 자신 없다고 했을 정도겠는가. 그래도 기사가 언어를 통한 소통의 매개체라면, 최소한의 어문 규정은 준수하려는 노력이 필요하다는 생각이 든다.

네 새끼는 네가 책임져라

맞춤법, 주술 호응, 어휘의 적절성 따위를 지적하는 자를 바라보는 시선은 곱지 않다. 영어권에서도 '문법 나치'(Grammar Nazi)라는 말이 있을 정도다. 문법이 틀리는지 눈에 불을 켜고 보다가 오류가 하나라도 발견되면 광적으로 물어뜯는다는 뜻이다. 의미만 통하면 됐지, 핵심 정보만 들어 있으면 됐지, 자잘한 표현이 뭐가 중요하냐고 생각하는 기자들이 꽤 많다. 기사는 생략과 축약을 좋아하고 분량 제한이 엄격한 만큼, 일반적인 글과는 다른 특징이 있다고 반박하는 이들도 있다. 시간에 쫓기며 기사를 쓰다 보면 문장의 완성도 따위는 '아, 몰라!' 하고, 손에 잡히는 대로 쓴 뒤에 송고하는 일도 많다. 매일매일 일생일대의 대작을 집필하는 것도 아니지 않나. 기사는 기껏해야 며칠이면 생명력을 잃고 아무도 읽지 않는 데이터 쪼가리로 전락한다. 그런데 뭐 그렇게까지 신경을 써야 하느냐는 마음의 소리도 지금 들려온다.

그런 마음가짐으로 작은 실수를 용납하면 조금씩 더 양보하게 된다. 오늘은 띄어쓰기에만 문제가 있다. 그러나 내일은 문장, 모레는 구성, 글피에는 팩트에 치명적인 허점이 발생할 수도 있다. 그렇게 누더기가 된 물건은 팔 수가 없다. 독자에게 읽으라고 내밀 수가 없다. 조금만 추워도 화장실 벽에 물기가 맺히는 아파트는 하자 보수라도 해 준다. 수리 문제로 악명 높은 아이폰도 '리퍼'는 해 준다. 저품질에 불량인 기사는 어떻게 사후 처리를 해 줄 것인가?

다시 말하지만, 나는 글이 아니다. 그러나 글을 낳은 부모쯤은 된다. 내가 손가락으로 힘줘 낳은 자식이면 책임을 져야 한다. 나는 글과 자아를 동일시해서 글에 대한 평가에 일희일비한 것이 아니었다. 내가 만든 결과물의 모양이 저것밖에 안 된다는 사실이 쪽팔렸던 거다. 이 순간에도 실을 뽑는 누에고치처럼 기사를 만드는 이들은 책임감이 뭔지, 부끄러움이 뭔지를 다시 새겨야 한다.

에필로그_The Humpty Dumpty Love Song

내면과 외면과 생각과 행동이 모두 부조화를 이루던 10대 시절, 유일하게 삶의 기준을 잡아 주던 요소는 음악이었다. 번들 이어폰에 96kbps짜리 저음질 mp3 파일을 재생하든, 십수 년 된 아빠의 전축으로 테이프를 틀든 상관은 없었다. 좋아하는 노래가 귓가에 맴돌면 요동치던 마음은 어느덧 잔잔해지곤 했다. 광범위한 스트리밍 데이터베이스에서 검색만 하면 바로 음악을 들을 수 있던 때가 아니었다. 맘에 드는 음악을 틈틈이 모아서 들어야 했다. 소중히 간직한 용돈으로 기회가 될 때마다 명반이라고 불리는 앨범을 샀다. 책장에는 차곡차곡 CD가 쌓여 갔다.

그리고 들었다. 유명한 타이틀곡만 듣고 마는 건 예의가 없다고 생각했다. 전설적인 아티스트가 몇 년이나 벼려 만든 노래를 대충 흘려보내고 싶지 않았다. 꼭 트랙 리스트대로 감상했다. 이 곡은 왜 1번 트랙일까. 타이틀을 왜 이 곡으로 정했을까. 순서를 이렇게 정한 이유는 뭘까. 귀가 열릴 때마다 방구석 리스너의 안광은 빛났다. 청각만 사용하지 않았다. 음악을 매개로 온갖 상상이 펼쳐졌다. 맘대로 앨범의 주제를 정하고 색깔을 칠했다. 불 꺼진 방에 기타 리프와 드럼 비트와 베이스 라인이 어우러졌다. 암흑은 곧 총천연색으로 물들었다. 멜로디는 시가 됐고 가사는 소설이 됐다. 때로는 수준급 립싱크와 입 반주를 곁들이며 홀로 콘서트를 열기도 했다.

나만의 작고 거창한 음악 감상회는 마지막 트랙까지 들어야만 끝이 났다. 첫 트랙만큼 중요한 게 마지막 트랙이었다. 끝 곡은 언제나 살아서 말을 한다. 음악이 하고자 하는 얘기를 완성하는 역할이기 때문이다. 여운을 주기도 하고 반전이 담겨 있을 때도 있다. 마지막 노래가 끝나고 더 이상 트랙이 넘어가지 않을 때의 정적, 그 순간에 앨범의 이야기는 완성된다. 그야말로 화룡점정이다. 끝이 중요하다는 뜻인데, 용의 눈동자를 어떻게 찍느냐에 따라 얼굴 모양이 달라진다는 의미이기도 하다.

가장 좋아하는 밴드 가운데 하나가 영국 록밴드 트래비스다. 오아시스는 건들거리고, 라디오헤드는 난해하다. 버브는 약에 취한 느낌이고 블러는 장난스럽다. 콜드플레이는 너무 유명해졌고

'힙해졌다.' 적당히 '찌질한데' 공감이 가고 선한 느낌인 트래비스가 가장 맘에 든다. 트래비스의 숨겨진 명반 《The Invisible Band》(2001)의 마지막 곡이 〈The Humpty Dumpty Love Song〉이다. '험프티 덤프티'(Humpty Dumpty)는 말하자면 달걀 모양을 한 사람인데, 영국 동요에 등장한다. 벽 위에 앉아 있다 날아 보려고 훌쩍 뛰지만 이내 추락한다. 깨진 날달걀처럼 그의 결말은 산산조각이었다. 왕의 말(馬)과 신하들도 부서진 그를 도로 붙일 수 없었다. 여기까지가 동요의 내용이다. 트래비스의 노래는 험프티 덤프티의 후일담이다. 달걀 인간은 조각나 부서져 죽음을 앞두고 있다. 죽어 가는 그는 최후에 사랑을 얘기한다. 당신만이 부서진 날 붙일 풀(glue)을 갖고 있어요. 그러니 내 맘을 모두 줄게요. 밴드가 명성을 얻은 직후의 허무함과 외로움을 다룬 앨범은 그렇게 달콤하고 씁쓸하게 마무리된다.

기자가 어떻니, 언론이 어떻니 하다가 갑자기 마지막에 와서 음악 얘기로 빠져 버렸다. 사설이 긴 이유가 있긴 하다. 생업을 음악에 빗대 볼 수 있을 것 같다는 생각이 들어서다.

이 일은 본질적으로 하루살이다. 하루만 지나도 그야말로 '뉴스'가 아니다. 타이밍 놓친 뉴스는 옛 구(舊)를 써서 자조적으로 '구스'라고 부른다. 음악에 비유하자면 공들여 앨범을 제작하는 작업이 아니라, 요새 대세인 스트리밍에 맞춰 싱글 컷이 될 노래 한 곡을 만드는 일에 가까울 것이다. 장인 정신으로 완성도를 갖추는 것보다 대중의 선택을 받는 게 더 중요하다. 후렴구에는 리스너를 확 잡아챌 '후크'가 필요하다. 차트 인을 하려면 '유행가'라는 말 그대로 유행에 민감해야 한다.

기사도 마찬가지다. 클릭을 갈구하는 제목으로 무장한다. 최대한 생생한 증언이나 현장을 찾아내려고 하는 것도 대중의 선택을 받기 위해서다. 이 판에 뛰어든 경주마들은 하루 일찍, 한 시간 일찍 기사를 내는 게 무엇보다 중요하다. 소위 단독 보도가 목적이 될 때가 많다. 개중에는 역사의 흐름을 바꾸는 것들도 있지만 대개는 돌이켜 보면 큰 의미가 없는 행위인 경우도 많다.

그게 뭐 잘못됐다는 건 아니다. 음원차트에서 살아남기 위해 머리를 짜내 가며 밤새 신디사이저를 두드리는 것도 누군가에게는 열정을 불사르는 숭고한 행위다. 하루살이라도 치열하게 고민하고 발로 뛰며 내 이름으로 된 기사를 발행하는 것 역시 쉬이 깎아내릴 만한 일은 아니다. 그러나 후크송만 만들다 지친 작곡가처럼, 생계형으로 트로트만 부르다 '현타'가 온 가수처럼, 기사에 파묻힌 전직 문과생은 글쓰기의 기쁨을 '희미한 옛사랑의 그림자'로만 느끼게 됐다.

주기적으로 찾아오는 권태감마저 지겹게 느껴질 때였다. 〈우리의 자리〉에 같이 앉아 보자는 제안이 왔다. 마치 공들여 앨범을 만들어 보지 않겠느냐는 요청처럼 느껴졌다. 컨베이어 벨트에 서서 단순 작업만 하던 내가 수공예품을 만들 수 있을까. 씨줄과 날줄을 엮듯 한 권의 책을 만들 수 있을까. 3분짜리 싱글이 아닌 한 시간짜리 정규 앨범을 낼 수 있을까. 준비와 역량이 충분하지 않다는 것을 알고 있었다. 그러나 두려움은 잠깐이었다. 하고 싶다는 마음이 훨씬 컸다. 어느새 하겠다고 말하고 있었다.

시작할 때의 열정이 무색하게도 작업은 생각처럼 쉽지 않았다. 희미해진 건 글쓰기의 기쁨만이 아니었던 것이다. 글쓰기의 고통을 새삼 깨달았다. 새로운 기회가 찾아왔든 아니든 일상은 여전히 쳇바퀴처럼 돌고 있었다. 발을 힘껏 굴러야만 겨우 돌아가는 구조였다. 거기에 새로운 방식의 글을 써서 책을 내 본다는 지난한 과제 하나를 덜컥 얹어 버린 셈이었다. 양적으로도 질적으로도 큰 도전이었다. 매번 이러쿵저러쿵 남 얘기를 하다 내 얘기를 풀어내는 것도 어려웠다. 기록되지 않은 기억의 조각들은 머릿속을 마구 헤집고 돌아다니기만 할 뿐, 정제된 문장과 단어로 잘 옮겨지지 않았다. 나의 얘기를 하러 내면을 깊이 들여다보는 과정도 고통스러웠다. 잘 돌보지 않고 내버려 뒀던 그곳에는 어디 내놓기 부끄러운 자격지심과 쓸데없는 자존심이 똬리를 틀고 있었다.

자신 있게 취재한 분야로 책을 썼으면 얼마나 더 좋았을까. 평소에 생각하던 바를 기록해 뒀으면 어땠을까. 부질없는 후회를 안고 하나둘씩 상념을 모아 봤다. 민망한 내면의 실체를 직시해 봤다. 가만히 들여다보니 남 얘기 못지않게 내 얘기도 할 말이 참 많았다. 오히려 진정성이라는 면에서는 비교가 되지 않았다. 나는 어떤 기자인가. 어떤 기사를 어떻게 쓰는가. 어떤 기자가 되려 하는가. 어떤 기자가 되지 않으려 하는가. 모든 질문이 거대한 화두였다.

노래 가사를 쓰듯 생각을 정리했다. 멜로디를 만들듯 키보드를 두드려 나갔다. 그리고 한 곡, 한 곡씩 완성해 나갔다. 추리고 추려 열한 곡이 나왔다. 훌륭하고도 대단한 작품들이 가득 쌓여 있어서, 비틀즈의 '화이트 앨범'처럼 더블 앨범을 발표할 수 있었으면 좋으련만. 힘겹게 뽑아낸 게 이 정도여서 아쉬울 따름이다. 각 수록곡에는 직업인으로서의 내 삶이 담겨 있다. 때로는 강하게 긍정했다. 부끄러움을 고백하기도 했다. 내가 처한 조건의 실체를 마주해 보려고 애썼고, 광범위한 자아비판에 나서기도 했다.

장강명은 에세이 『소설가라는 이상한 직업』(유유히, 2023)에서 헌신할수록 더 좋아지는 직업이 소설가라며 스스로의 일에 극찬을 보냈다. 그렇게까지 말하기는 어려웠다. 홀수 연차마다 온다는 퇴사 충동을 겨우 억누를 수 있을 정도였다. 그래도 용케 버티기는 한 걸 보면 아주 안 맞는 건 또 아니었던 것 같다. 장류진의 소설 제목처럼 '일의 기쁨과 슬픔'이 적당히 공존하는 편이었나 보다. 일기는 일기장에! 그렇게 볼 수도 있다. 그렇지만 위대한 래퍼들도 자기 얘기로 명반을 만들지 않나. 기나긴 일기에 공감하거나 도움을 받을 사람이 어디엔가는 있을 거라는 생각을 했다.

그 첫 번째 수혜자는 나다. 무라카미 하루키는 글쓰기가 자기 치유적인 행위라고 했다. 거장의 말은 정확했다. 이 책을 만들기로 한 건 인생에서 가장 잘한 일 중에 하나다. 쓰는 건 물론 힘겨웠다. 경험상 힘겨운 일은 그만큼의 열매를 준다. 몇 달 동안의 글쓰기가 왜 이 일을 하려 했는지를 되새기게 해 줬다. 제목이기도 한 '높은 마음'이 되살아난 것이다. 날아 보려다 추락해 부서진 험프티 덤프티를 붙여 줄 풀은, 내 경우에는 '높은 마음'임에 틀림없다. 동명의 노래 가사처럼 평범함에 짓눌린 일상을 밝은 눈으로 바라보고 두 귀를 활짝 열게 됐다. 언론 노동자건 지망생이건 소비자건 아무런 상관도 없는 제3자이건, 누가 이 글을 읽든 애태우는 마음[고심(苦心)]이 높다란 마음[고심(高心)]으로 승화되길 기원한다.

편집자 코멘터리

시선에 맞서며, 시선을 맞이하기

이별을 알면서도 사랑에 빠지고 차 한 잔을 함께 마셔도 기쁨에

떨렸네

내 인생에 영원히 남을 화려한 축제여 눈물 속에서 멀어져 가는

그대

서울 서울 서울 아름다운 이 거리

서울 서울 서울 그리움이 남는 곳

서울 서울 서울 사랑으로 남으리

워 워 워 Never forget oh my lover Seoul

—조용필, 〈서울 서울 서울〉, 1988

언젠가, 서울올림픽 개막 100일 전 축제에서 조용필이 〈서울 서울 서울〉을 부르는 영상을 본 적이 있다. 올림픽이라는 성대한 축제를 위해 만들어졌다기에는 한없이 우울한 멜로디가 흐르고, 무대 아래까지 꽉 채운 댄서들은 급하게 동원된 듯 서로 호흡이 맞지 않는 춤사위로 허우적거린다. 압권은 가수 뒤에서 춤추는 사람들. 학사모와 졸업 가운을 걸친 그들은 양손에 쥔 레이싱 깃발을 힘차게 흔든다. 가관이다. 조용필은 대체, 왜 이런 곡을 만들었을까(그 무대는 어떻게 만들어진 걸까). 대한민국이 마침내, 개발도상국을 벗어나 선진국으로 향하는, 본격적으로 우울한 경쟁에 들어섰다는 뜻일까. 그는 어디선가, "올림픽이 끝나면 우리 사회가 우울해질 것이라고 생각했기 때문"이라 말했다고 한다. 그래, 축제는 언젠가 끝나지. 사랑이 그러하듯이.

(나는 또, 지방을 말하기 위해 서울을 먼저 말하고, '비서울'로서의 지방을 소환하려 하는지도 모른다. 하지만 나는, 결국 나로 시작하여 나로 끝나는 이야기밖에 할 줄을 모른다.)

서울이라는 고향 같지도 않은 고향에서 태어나, 미취학 아동일 때 폐렴에 걸려 그나마 공기 좋은(그래도 서울보다는 좋았던) 곳을 찾아 경기도의 한 위성도시에 온 뒤로는 쭈욱 여기서 살았다. 여기서 살면서, 대학을 위해 그리고 직장을 위해 거듭 서울을 바라보고, 또 전전해야 했다. 나는 그곳에 언제든 마음만 먹으면 접근할 수 있었지만(어쩌다 보니 나는 아직 비장애인이고, 무리 없이 전철을 탈 수 있다. 전철은 빠르며 무엇보다 긴데, 어떤 사람들 앞에서는 서지 않는다), 그곳은 끝내 나를 품지는 않았다. 나는 언제나 튕겨져 나갔다. 어느 드라마에서, 경기도는 계란 흰자라고, 서울이라는 노른자를 감싸고 있는 흰자라고 표현했던가(개인적으로 그 드라마의 가장 빛나는 성취는 경기도민의 애환과 깡소주의 참맛을 잘 그려낸 것이라고 생각하는데, 그냥, 넘어가자). 그 노른자는 또 얼마나 견고한지, 찌르고 찔러도 절대 터지지를 않고, 도무지 흰자와 섞이려고 하지를 않는다. 경기도가 이러할진대 하물며(?) 다른 지역들은 어떠할는지. '서울'이라는 우울한 유령은 당연히 언론판에도 배회하고 있을 터, 지역 언론 상황은 또 어떠할는지. 나는 그게 종종 궁금했다.

여기, 한 지역 언론 기자가 있다. 지방에서 나고 자라, 서울에 '올라와' 명문대를 졸업하고, 다시 지방으로 '내려가' 기자 일을 10년 가까이 하고 있다. 그가 서울과 언론을 바라보는 시선은 어떠할까. 그를 바라보는 우리의, 우선 나의 시선은 어떠했나. 이러한 질문들이 이 책의 시발역이다. 그가 경유한 열한 개의 정거장들은 차라리 열한 곡의 노래들처럼 들리고, 여러 상념에 빠지게 한다. 예를 들면 이런 것이다.

믿기자는 어릴 적 '지방'이라는 단어에 화가 치밀면서도 움츠러들었던 기억이 있는데, 이제는 업계인으로서 서울과 지역 언론의 위계 차이를 절감하고 있다. 씁쓸하다. 한편으로 나는 서울에서 직장 생활을 하며 언론과 기업의 유착관계를 직간접적으로 경험하고는 무척 괴로웠는데, 그는 지역에서 언론사와 지자체의 유착관계가 심각하다는 사실 때문에 괴로워하고 있다. 여기나 거기나 문제투성이인 건 진배없구나. 혹시, 많은 과거사 명칭에 어째서 서울 아닌 지역 이름이 들어가 있을까 생각해 본 적이 있는지. 나는 없는데 믿기자가 바로 그걸 지적해서 부끄러웠고, 또 바로 그래서 지역 언론이야말로 과거사 취재라는 사명을 띠는 것이라고 그가 다짐처럼 적을 때는, 듬직함을 느꼈다. 믿기자를, 믿고 싶어지는 것이다 (여전히 입에 잘 붙지는 않는 그의 필명은, 믿기지 않는 진실을 사람들이 믿게끔 만들어야 하는 그의 직업적 사명을, 그리고 성공은 드물고 대부분 실패할 수밖에 없는 그 숙명까지를 담고 있는 건 아닐까).

이 밖에도 '야마'라는 함정과 관습화된 기사 작성의 문제, 그리고 맞춤법과 비문 등 기본적이고 그래서 더 해결이 요원한 언론,

나아가 글쓰기 자체의 문제들에 대해서도 그는 의견을 피력한다. 그걸 읽고 있노라면, 아, 미래는 오래된 것으로부터 시작되는 것이었지, 하는 감상에도 빠지는 것이다. 이렇게 풍성한 믿기자의 데뷔 앨범을 많은 분들이 즐겁게, 그리고 아프게 읽어 주셨으면 좋겠다.

이 앨범의 아웃트로는 트래비스의 〈험프티 덤프티 러브 송〉이다. 공교롭게도 험프티 덤프티는 계란이고, 하필 또 부서진 계란이다. 서울이라는 단단한 노른자를 가진 이 나라는 과연 부서질 수 있을 것인가. 이 엄청난 위계에, 언젠가 작은 균열이라도 날 것인가. 그건 잘 모르겠고, 우선 나는 너무나 산산이 부서져 버린 저널리즘이 재건되기를 바라는 마음으로 화답송을 고른다. 기왕 조용필로 시작했으니, 가왕 조용필로 끝내도 될까.

나를 떠난 사람들과 만나게 될 또 다른 사람들
스쳐 가는 인연과 그리움은 어느 곳으로 가는가
나의 작은 지혜로는 알 수가 없네
내가 아는 건 살아가는 방법뿐이야
보다 많은 실패와 고뇌의 시간이
비켜 갈 수 없다는 걸 우린 깨달았네

이제 그 해답이 사랑이라면

나는 이 세상 모든 것들을 사랑하겠네

―조용필, 〈바람의 노래〉, 1997

사랑에 실패했다고 사랑을 포기할 수 있을 것인가? 스쳐 갈 걸 아니까, 아예 시작하지도 않는 게 옳단 말인가? 적어도 누군가에게는 그렇지 않다. 사랑은 이렇게 끝나지 않을 것이고, 삶이라는 축제도 다시 기획될 것이다. 훨씬 더 많은 실패와 깊은 고뇌가 오더라도 어쩔 수 없지. 좌우지간 살아 봐야 한다. 한 번 더, 사랑해 보는 수밖에 없는 것이다. 그러니까 믿음을 향한 우리의 고심은, 그래서 글쓰기는, 멈추지 않을 것이다.

다시 여름을 맞아,
흔들리는 플랫폼P 사무실에서,
서서히,
지다율 흐름

저자 **믿기자**

'믿'을 수 있는 기사를 쓰고 싶은 기자. 끊임없이 다채로운 이 야기를 이어 나가고 싶은, 이것 '및[믿]' 저것들을 알고 싶은 기자. 위보다는 '밑[믿]'을 지향하려는 기자. 하고 싶은 건 많지만 능력이 안 되기에 늘 고심(考心)한다. 그러면서도 "높은 마음으로 살아야지, 낮은 몸에 갇혀 있대도"(9와 숫자들, 〈높은 마음〉)라는 구절을 되새기며 고심(高心)을 지녀 보려고 한다. 지금 읽고 있는 책은 『우리말 어감 사전』이다.

편집자 **지다율**

오랫동안 '시 쓰는 기자'가 되고 싶었으나, 끝내 시도 기사도 쓰지 못했다. 지금은 출판공동체 편않에서 책을 만들며 저널리즘 스쿨 오도카니를 운영하고 있다. 언제부턴가, 여름마다 『죽음의 한 연구』를 읽는다. 언제쯤, 우리는 『자본』을 통과(痛過)할 수 있을까.

디자이너 **기경란**

출판공동체 편않에서 기획 및 디자인을 맡고 있다. 그리고 또 어딘가에서 북디자인을 하고 있다. 루트거 뤼트케하우스의 『탄생 철학』을 읽고 있다.

언론·출판인 에세이 시리즈 〈우리의 자리〉는

언론·출판 종사자가 각각 자신의 철학이나 경험, 지식, 제언 등을 이야기해 보자는 기획입니다. 언제부턴가 '기레기'라는 오명이 자연스러워진 언론인들, 그리고 이른바 '사양길'을 사양하지 않고 묵묵히 걷는 출판인들 스스로의 이야기가 우리 사회의 저널리즘과 출판정신에 어떻게 기여할 수 있을지 계속 고민해 보려고 합니다.

출간 목록

『박정환의 현장: 다시, 주사위를 던지며』

『손정빈의 환영: 영화관을 나서며』

『고기자의 정체: 쓰며 그리며 달리며』

『민기자의 고심: 기자는 많고, 언론은?』

(근간)

『황보람의 저니』